Carl De[...]

L[A]

VIE

AVANT TOUT

Michel Barrette, Gabrielle Lavallée et Carl Desrochers.

La Plume d'Oie
ÉDITION

ISBN : 978-2-89539-124-1
Dépôt légal – Bibliothèque nationale du Québec, 2008
Dépôt légal – Bibliothèque nationale du Canada, 2008

Collaboration :
France Couture, travailleuse sociale
Mathieu Dion, intervenant en délinquance
Ghislain Dorion, policier
Rita Lachance, enseignante
Martin Larocque, comédien et conférencier
Paule Lévesque, éducatrice spécialisée
Catherine Morin, enseignante
Sylvie Nadeau, Centre de prévention du suicide, Québec
Lise Perron, Centre de prévention du suicide, Rouyn-Noranda
Michael Sheehan, juge (préface de l'édition 2003)
Yvan Tessier, psychologue

> **Projet bénévole**
> **sans droit d'auteur ni profit d'édition.**

Préface

Je le répète partout où je vais : je ne suis pas un spécialiste de la question du suicide. Ce que je peux faire, c'est partager mon vécu et dire aux gens qu'on peut s'en sortir et qu'on peut surtout se construire une existence remplie de belles choses. J'en suis la preuve : j'ai la joie de vivre avec ma famille que j'ai bâtie !

Quand tout nous paraît très noir, quand nous sommes convaincus qu'il n'y a plus d'avenir pour nous, quand notre estime de soi est au plus bas, nous ne voyons plus rien et nous ne croyons plus en rien. Et en voulant éliminer cette douleur, nous passons à côté de la plus belle chose : être vivant !

C'est justement cette approche dynamique et mordante que j'apprécie dans *La vie avant tout*. Pour une fois qu'il n'est pas question de statistiques accompagnant un discours de mort... Il est question de la vie humaine qui nous concerne tous.

C'est pourquoi je suis bien content de m'associer à ce projet de réflexion colorée, à mon image et aussi à l'image de la vie réelle.

Michel Barrette
humoriste

Préface

Les conséquences fâcheuses qui résultent de notre défaitisme peuvent être si facilement évitées si nous décidons de reconquérir le droit légitime que la vie nous a légué à notre naissance, soit celui de nous aimer inconditionnellement, de nous faire confiance, de nous estimer à juste titre et de cultiver la pensée positive. Ainsi, nous nous épargnons de nombreuses souffrances inutiles puisqu'en définitive nous sommes de lignée divine et, par le fait même, des dons de Dieu.

D'ailleurs, l'Auteur de nos jours nous a dotés de connaissances intérieures pour réussir et pour être heureux, de même que d'une véritable boîte à outils pour réparer notre bateau après les éprouvantes tempêtes dans lesquelles nous nous sommes souvent nous-mêmes plongés. C'est ce que j'ai heureusement compris de l'enfer que j'ai traversé et, par conséquent, je vous recommande fortement la lecture de ce bijou littéraire rédigé par M. Desrochers si vous voulez, tout comme moi, créer votre propre bonheur. Il n'en tient qu'à vous de faire cet excellent choix.

Puisse Dieu vivre en vous et avec vous…

Gabrielle Lavallée

auteure de *L'Alliance de la brebis*
et survivante de la secte de Roch *Moïse* Thériault

La vie n'est pas faite pour mourir
On meurt souvent bien entendu
Car la vie est si fragile…
On est seulement ce que l'on peut
On est rarement ce que l'on croit
Et sitôt on se pense un dieu
Sitôt on reçoit une croix
Car la vie est si fragile…

Si fragile
Luc De Larochellière

Vous aurez peur ! C'est pratiquement inévitable… Vous aurez peur de vivre ou de continuer à vivre. De grands ados, vous êtes passés à petits adultes. Mais il ne faut pas paniquer, car c'est tout ce qu'il y a de plus normal. L'inconnu et les départs font toujours peur… Ce qu'on oublie, ce sont les richesses qu'on retire de ces départs vers l'inconnu.

Au secondaire, vous baigniez dans l'eau tiède avec de la mousse jusqu'aux oreilles et des jouets plein le bain ! Vous n'avez presque rien à faire, sauf mâchouiller la bouffe en purée que vos parents et même vos profs « prémastiquaient » pour vous. Vous étiez encadrés sous tous les aspects, tant pédagogiques que psychologiques. Vous ne voliez pas encore de vos propres ailes. Et quand arrive le temps, c'est LÀ que vous avez peur ! Surtout si vous êtes un gars ! J'sais pas ce que nous avons, nous autres, hommes soi-disant virils, mais nous sommes beaucoup plus faibles que nous le laissons croire… Hein, les boys ! Nous sommes au premier rang du décrochage, de la violence, des délits sexuels, de la criminalité et du suicide ! Pas mal !

C'est un peu – beaucoup ! – pour ces raisons que je tiens à vous proposer quelques réflexions sur la façon de vous voir vous-mêmes, de voir les autres et de voir la vie. Quelques suggestions qui, je le pense, vous montreront la réalité telle qu'elle est, tout en vous donnant des outils qui vous permettront d'être plus forts dans votre vie. C'est particulièrement lorsque vous entrez dans le monde adulte que la menace du suicide vous guette ! Lorsqu'on se sent davantage tout nu sans téléphone cellulaire que sans valeurs humaines qui stabilisent la vie et la préservent, c'est pas normal.

Évidemment, je serai fidèle à moi-même, avec mon langage teinté d'humour noir, cru et surtout piquant. Veuillez m'excuser tout de suite pour les fois où je serai trop direct avec des affirmations excessives qui utilisent des gros mots ; vous devrez apporter les nuances nécessaires, car le texte n'est pas *politically correct*. Il emprunte un langage oral avec tous les écarts de vocabulaire et de syntaxe que ça implique. Comme le disent mes élèves, c'est du « Ti- Carl ». Je préfère vous faire réagir en provoquant vos convictions plutôt que vous laisser indifférents. Considérez qu'il s'agit là simplement d'une stratégie du type : « Bon, on va se parler dans le blanc des yeux deux minutes. Attachez votre tuque avec d'la broche ! » Vous voyez le genre ? Je ne veux surtout pas emprunter un fichu ton théorique plate en vous faisant une petite morale quétaine de vieille matante scandalisée qui tenterait de vous inculquer LA VÉRITÉ... Yark ! Vous ne serez donc pas toujours d'accord avec ce que vous lirez, et c'est ben correct. Je le répète : même si ce livre tente de faire une réflexion de base sur ce qu'on vit, *ce n'est pas la vérité*. OK ?

Alors, pourquoi vous écrire cette lettre ? Parce que chaque fois que j'apprends qu'un de vous a abandonné sa vie, ça me rentre dedans ! Peu importe qui. Je ne suis pas capable de m'habituer à ça ! Et je ne veux surtout pas m'y habituer... car s'il fallait que je trouve la situation normale ou banale, j'atteindrais une bassesse humaine innommable ! Donc, pourquoi cette lettre ? J'écris ces lignes dans l'espoir... de vous donner de l'espoir... et de vous faire réfléchir.

L'origine de ce projet est loin d'être noble. Ce livre existe parce que des jeunes se sont donné la mort. Et même si ces pages vous proposent une réflexion sur la vie, ce n'est pas un outil d'intervention en cas d'idées suicidaires. Ainsi, si vous êtes en état de crise, il ne vous faut pas lire un livre mais bien rencontrer une personne.

Enfin, conservez ce document ; même s'il est très coloré, il est le fruit de réflexions de plusieurs personnes. Au pire, donnez-le à quelqu'un au lieu de le jeter. Autant que possible, puisqu'il est tricoté serré et vous bombardera d'idées de toutes sortes, lisez-le seuls et lentement. De cette manière, on pense mieux...

Maintenant, suivez-moi. Nous ferons quelques pas sur un chemin un peu sinueux...

Learning to love yourself
It is the greatest love of all

Whitney Houston

La perception de soi-même

Tous les élèves qui sont venus se confier à moi pour des problèmes personnels vont reconnaître la première et ultime étape : si vous aviez à travailler sur quelque chose dans votre vie, ce serait sur l'image que vous avez de vous-même, ce qui revient à la confiance en soi, l'estime de soi.

Après mûre réflexion, je considère que 99 % de nos problèmes de relations personnelles sont d'abord causés par un manque de confiance en soi. Évidemment, je ne parle pas d'accidents, de drames violents ou d'abus quelconques subis dans l'enfance — même si, dans ces douloureux cas, rebâtir la confiance en soi aide à s'en sortir. Je fais référence à l'image que nous avons de nous-mêmes. Et dites-vous qu'il y a des gens qui croient n'avoir AUCUNE qualité alors que c'est faux et archi-faux !

Une personne agressive qui pogne les nerfs pour rien n'a pas, sous certains aspects, confiance en elle ; même chose avec quelqu'un qui est jaloux en amour ou en amitié. Je dirais que la conséquence la plus dévastatrice d'un manque de confiance en soi, c'est *la peur*. Peur de foncer, peur de l'avenir, peur des autres ou de leur jugement, peur de souffrir, peur des échecs, peur de perdre la face, peur de ne pas être aimé... peur d'avoir peur.

En fait, à propos de la peur, n'oubliez pas ceci : le courage, ce n'est pas l'absence de la peur à la manière d'un héros de film d'aventures ; *le courage, c'est de persister malgré la peur*. Et cette peur, quelle qu'elle soit, est souvent une supposition de notre imagination qui fait exister ce qui n'existe pas. En revanche, la confiance en soi permet de développer la maturité, la perception équilibrée de soi-même – j'ai des limites, oui, et je dois les accepter ; j'ai aussi et surtout des qualités ! –, ainsi qu'une vision optimiste de la réalité et de l'avenir.

De plus, vous ne pouvez en aucun cas faire confiance aux autres – et même à la vie ! – si vous n'avez pas d'abord confiance en vous-mêmes ! Donc, apprenez et expérimentez le fait de vous faire confiance... Ce n'est pas rien, la confiance en soi, vous savez. Si je considère que je suis juste une petite merde ou un maudit trou-de-cul bon à rien, je serai convaincu à coup sûr que les autres me considèrent comme tel. Même ma blonde ! Eh oui ! Si je me trouve laid à mort, je pourrais m'époumoner à lui demander : « Est-ce que tu me trouves beau ? » Même si elle m'affirme avec sincérité que, oui, elle me trouve beau, je ne la crois pas ! Vous voyez ? L'image de soi est beaucoup plus importante qu'on le pense.

Donc, pour vous aider à y réfléchir, voici quelques pistes, les plus essentielles.

Acceptez votre corps tel qu'il est. Vous ne pouvez pas le changer, de toute manière, sinon très peu. À moins que vous vouliez ressembler à

une vieille chanteuse qui a une séduisante enve-
loppe rapiécée soutenue par une charpente
« ostéoporosée » aussi fragile que du verre bas
de gamme ou à Monsieur Univers avec ses biceps
gonflés aux anabolisants ! Un beau corps ne fait
pas nécessairement une belle personne. Lorsque
mon *seul et unique but* est d'embellir mon corps,
j'enlaidis ma personnalité par le fait même. Bon,
cela ne signifie pas de se vêtir d'une boîte d'élec-
troménager recouverte d'une poche de jute pour
cacher les formes, quand même ! Mais, les filles, si
vous croyez qu'un gars s'intéressera à VOUS et
vous respectera quand vous jouez à être sexy, vous
vous trompez royalement ; il n'aura qu'une idée
en tête, et ce ne sera certainement pas de vous
connaître ! Vous avez sûrement déjà entendu cette
phrase : « Je coucherais avec elle, mais je ne la
voudrais pas comme blonde » ? Ça dit tout. À bien
y penser, il vaut mieux ÊTRE beau qu'AVOIR la
beauté. Et *être* beau, c'est d'abord une question
d'attitude : demeurer soi-même, être souriant, sym-
pathique et honnête.

Trouvez-vous des QUALITÉS au lieu de toujours vous découvrir de nouveaux défauts.
N'oubliez pas que nous sommes comme une feuille
blanche sur laquelle apparaissent quelques petits
points noirs ; notre tendance, c'est d'amplifier ces
points noirs jusqu'à considérer que la feuille blanche n'existe plus ! Nous avons en réalité beaucoup
plus de qualités que de défauts, mais nous croyons
trop souvent l'inverse. Ça vous semblera sans
doute niaiseux, mais prenez une feuille et écrivez
les qualités que vous jugez posséder. Vous réaliserez que c'est loin d'être facile...

Cessez de vous comparer aux autres même si, en début d'adolescence, c'est normal de le faire pour trouver son identité. Les autres sont ce qu'ils sont et vous êtes ce que vous êtes. Ne cherchez pas à ressembler à quelqu'un d'autre, mais bien à devenir pleinement vous-mêmes, à faire grandir vos qualités.

Ne vous tracassez donc pas de ce que les autres pensent de vous. L'important, ce n'est pas ce que les autres pensent de vous mais bien ce que vous pensez de vous-mêmes. Comme je le disais, si vous considérez que vous ne valez rien, vous croirez inévitablement que les autres pensent la même chose de vous. L'inverse est aussi vrai : si vous vous considérez comme une personne unique et digne – sans prétention –, alors vous constaterez que les autres vous voient aussi de cette manière, car vous êtes aussi importants qu'un président, qu'un plombier, qu'un médecin, qu'un directeur, qu'une vedette ou que votre humble serviteur. Nous n'avons simplement pas le même âge ou la même fonction. Mais, humainement, nous sommes, vous et moi, tout à fait égaux. Le problème, c'est que nous *projetons,* c'est-à-dire que nous mettons dans notre crainte d'être jugés par les autres nos propres peurs, nos propres complexes, nos propres défauts ; nous nous sentons jugés par les autres de la même manière que nous nous jugeons nous-mêmes.

Acceptez de ne pas être aimés de tous. Il y a des gens que vous n'aimez pas ou qui vous dérangent. L'inverse est aussi vrai. Et à force d'essayer de plaire à tout le monde, on finit par perdre son identité. On n'est plus soi-même. On est... une marionnette dépendante. La peine d'amour en constitue le meilleur exemple, je crois. Nous y reviendrons...

Osez ! Affirmez-vous, affichez votre différence, tenez tête aux autres – surtout à vos copains ! Osez faire ce que vous considérez bien pour vous. Ne faites pas que le désirer : agissez ! Si vous ne faites rien, il ne se passera rien. N'attendez pas que les autres organisent les choses à votre place. Passez par-dessus votre peur. Si, un jour, vous vous heurtez à des barrières dans votre vie, pour la plupart, vous les aurez sans doute posées tout seuls. Votre avenir se dessinera grâce à vos actions.

Alors, pas trop endormis déjà ? Vous survivez ? Je ne fais que commencer...

Tu pleures tes déceptions
Chacune des larmes qui coulent porte un nom
Mais pourquoi donc toujours fuir une tempête
Qui n'existe que dans ta tête

Au nom de la raison
Laurence Jalbert

Problèmes
et drames personnels

La boule d'émotions négatives qui vous serre constamment la poitrine depuis votre enfance ou depuis quelques années, c'est le temps de la faire éclater avant qu'elle ne vous fasse craquer !

Peu importe la souffrance — aussi dramatique soit-elle — que vous ayez déjà vécue (divorce, violence familiale, agression sexuelle, abus de pouvoir, trahison, complexe, moqueries répétées par des imbéciles qui n'ont, soit dit en passant, pas plus confiance en eux… car eux aussi ont été blessés), il y a toujours moyen de vous en sortir. En fait, il faut que vous en preniez conscience et que vous vous en sortiez le plus tôt possible ! Pourquoi ? Simplement parce que votre entrée dans le monde adulte, vous la faites avec ce que vous êtes, incluant toutes vos bibittes d'enfance ! De toute manière, que vous le vouliez ou non, si vous ne faites rien pour régler vos problèmes, même si vous tentez de les oublier, ils vous rattraperont. C'est comme fuir une tempête qui s'en vient au lieu de foncer dedans : plus vous essaierez de la fuir, plus elle prendra de la vigueur et grossira... et plus elle vous rattrapera, où que vous soyez, peu importe ce que vous vivrez ! Tandis qu'AFFRON-TER la tempête permet de voir réapparaître le soleil plus rapidement... et avec une satisfaction de vous-mêmes inégalée.

Au fond, c'est pareil partout. Prenez des an-nées sabbatiques tant que vous voulez, dans l'Ouest ou en Californie, pour vous évaporer ou pour fuir vos problèmes... et vous vous aperce-vrez assez vite qu'aucun problème ne se règle en fuyant ; vos problèmes demeurent là pour la sim-ple et bonne raison que vous les traînez avec vous. En plus des problèmes que vous n'aurez pas ré-glés, il s'en accumulera d'autres. Et lorsque vous aurez des enfants, vous les leur transmettrez, et ce sera dix fois plus difficile de vous débarrasser de vos bibittes, rendus là. Vous voyez maintenant les conséquences ? Le temps arrange les choses ? Archi-faux ! Il ne fait que diminuer la douleur mais ne règle strictement rien.

Apprenez à vivre vos émotions et à gérer vos pulsions agressives. Vous savez, elles peuvent se manifester autant dans la sexualité que dans la colère ou la violence. Apprenez à connaître votre corps, vos passions, vos colères, votre propre agressivité. Quand on est agressif, c'est que quel-que chose ne tourne pas rond en soi, un peu comme un détecteur de fumée qui crie fort, signi-fiant qu'un feu couve quelque part.

Pour vous aider à développer un équilibre, ne gardez aucune frustration en vous. AUCUNE ! Vous voulez vivre de façon dégagée ? Vous voulez vous débarrasser de vos vieilles affaires d'enfance et d'adolescence ? Alors, réglez vos problèmes ! Faites-le tout de suite ! Pas dans dix ans, après vos études ou en ayant des enfants ; à ce moment-là, il sera peut-être déjà trop tard...

Encore là, il n'y a pas 36 trucs ; il y en a un seul : PARLEZ ! Allez voir une personne fiable à qui vous pouvez sans crainte faire confiance, à qui vous pouvez vous confier entièrement. Surtout, ne venez pas me dire que vous n'avez personne à qui parler ! Il y a tellement de ressources : les services professionnels sont toujours là pour vous ! Juste comme ça, en passant : les intervenants, les thérapeutes, les psychologues et les travailleurs sociaux sont des *personnes* qui ont choisi d'aider les autres. Ce ne sont pas des extraterrestres ! OK ? Et, de grâce, lorsque vous êtes tristes, ne camouflez pas votre peine de peur de tanner vos amis.

De toute façon, ce qui est difficile, ce n'est pas de trouver quelqu'un de fiable, c'est de se décider à se confier à une personne pour lui demander : « *Bring me to life* » (Evanescence). Vous me direz : « Oui, mais j'suis pas un malade mental, moi ! J'ai pas besoin de ça ! » Ah oui ? Laissez-moi vous dire que nous avons tous nos problèmes de santé mentale, aussi minimes soient-ils ! Et c'est justement en fuyant une thérapie ou une aide que les malaises, la déprime, la tristesse et le « mal-être » éclatent. C'est aussi lorsque nous nions nos problèmes qu'ils grossissent. Un dicton est juste à ce propos : *Ce qui ne s'exprime pas s'imprime ; ce que l'on fuit nous suit ; ce à quoi on fait face s'efface.* Si vous vous foulez une cheville, vous vous rendez voir le médecin sans honte, n'est-ce pas ? Alors, lorsque nous avons un problème avec les morceaux de notre casse-TÊTE, qu'y a-t-il de honteux à consulter un spécialiste pour essayer de les replacer ? Ce n'est pas plus honteux que ça ne l'est pour un rendez-vous à un atelier de mécanique automobile ! Tout dépend de la manière dont nous voyons les choses. Le film *Le destin de Will Hunting* exploite brillamment cette notion.

Ceux qui subissent la violence familiale disent souvent : « C'est pas grave, j'suis habitué ! » Rappelez-vous que nous ressemblons beaucoup plus à nos parents que nous le pensons, et ce, autant positivement que négativement. Si je m'habitue à la violence de ma famille, je ne la verrai plus, car elle fera partie de moi. Et c'est là que je la transmettrai dans mon propre couple et dans ma propre famille.

Les filles, vous voulez savoir comment se comportera votre conjoint avec vous dans le quotidien à long terme ? Regardez comment il agit avec sa mère et sa sœur... et aussi ceux qu'il n'aime pas. Y a ben des chances qu'il vous traite de la même manière un jour ou l'autre, c'est pratiquement inévitable... Encore une autre chose : la première forme de violence — verbale ou physique — que vous subissez de la part de votre chum, c'est de SA faute. La deuxième, ce sera de VOTRE faute ! Pourquoi ? Vous aurez fait la bêtise de rester avec lui qui, de toute évidence, *ne vous aime pas*. Est-ce que vous êtes capable de comprendre ça ? Et à ce stade, ce n'est pas plus de l'amour que vous éprouvez pour lui : c'est de la simple dépendance.

Encore en passant, si un jour un con vous impose de choisir entre lui et vos enfants, choisissez **TOUJOURS** vos enfants ! De grâce !

Ce serait peut-être le temps, si vous considérez que vous avez été négligés ou que vous avez manqué d'amour dans votre jeunesse, de renouer avec vos parents et même de les faire réfléchir sur l'opportunité de passer du temps et de vivre de bons moments avec vous. À la question : *Comment vous voyez-vous dans vingt ans ?* la quasi-totalité des personnes répondent : « Avoir fondé une famille... », car la famille est la base de la formation d'un être humain. Juste comm ça, une des réactions des New-Yorkais aux attentats terroristes du 11 septembre 2001 aura été de se tourner vers l'essentiel : fonder une famille !

Redécouvrez ainsi votre propre famille. Dans la mesure du possible, pardonnez à vos parents, à vos frères, à vos sœurs avec lesquels vous avez déjà eu des querelles sérieuses. Se réconcilier avec sa famille, c'est souvent ce qui apporte le soulagement de plusieurs angoisses et anxiétés.

Pardonner ? Pas évident. Pardonner ne signifie pas *passer l'éponge* ou *oublier* ; nos cicatrices nous rappellent nos blessures à chaque seconde. C'est plutôt travailler à ne pas s'abaisser à la vengeance et à se libérer de la haine. C'est faire autre chose qu'utiliser notre temps à haïr quelqu'un qui nous a fait mal, surtout pour ne pas devenir comme lui. Là aussi, ce n'est pas rien, le pardon. Concrètement, ça donne quelque chose dans notre vie.

Bon, c'est ben beau, ce que je viens de dire, mais il y a aussi l'autre côté de la médaille, et c'est plus délicat. Il vaut mieux parfois quitter rapidement un milieu familial violent que de s'acharner à y demeurer et – pire ! – devenir violent à son tour. N'espérez pas que votre conjoint manipulateur ou vos parents violents changeront. Sortez de là et prenez-vous en main ! C'est plate à dire, mais tant que vous demeurez là, ça ne changera pas. Dans certains cas, c'est malheureusement mieux de rompre... Surtout pour cesser de croire qu'on est un *p'tit crisse !* ou une *maudite conne !* parce qu'on se l'est fait dire depuis des années.

Aye ! les gars ! ô dieux de la virilité ! on est dans le troisième millénaire, au cas où vous ne le sauriez pas. Si vous considérez encore que pleurer, c'est pour les minettes, alors vous n'avez strictement rien compris. À la suite de nos problèmes vécus, c'est souvent en pleurant qu'on apprend la vie ; c'est en riant qu'on la guérit. La chanson *Un homme, ça pleure aussi*, de Dan Bigras, se passe de commentaires :

Ne crois pas, mon petit
que les hommes ne pleurent pas
Crois pas ce qu'on te dit
On t'a toujours menti
Ne crois pas, mon petit
que les hommes ne pleurent pas
À chaque larme, j'ai grandi
Regarde-moi
Un homme, ça pleure aussi
Celui qui te dira : « Je n'ai jamais pleuré »
Celui-là ne sait pas qu'il n'a jamais aimé

« Quétaine, Monsieur Ti-Carl ! » Ben oui, ben oui ! Peut-être quétaine à dire, mais pas à vivre ! On traite les filles de pleurnichardes : quand elles souffrent, elles pleurent. Quand nous, vrais hommes, on souffre, on meurt. Que de force virile en effet...

J'ajoute un petit détail concernant nos drames vécus, encore une fois plus délicat, et prenez le temps d'en saisir l'importance. Ne vous reprochez jamais d'avoir, dans votre jeunesse, assouvi les pulsions sexuelles d'un adulte abuseur… et même d'avoir aimé ça. À 5 ou 6 ans, on ne réfléchit pas comme à 20 ans. Si cette merde se produisait aujourd'hui dans votre vie, vous réagiriez tout autrement, n'est-ce pas ? Ne vous reprochez surtout pas d'avoir été un enfant avec toutes les limites psychologiques que cela impose. « *No matter what they take from me, they can't take away my dignity* » (Whitney Houston).

Enfin, deux petites qualités vous aideront à passer à travers ce processus de résolution de problèmes personnels : faire des *efforts* et être *patient*. Nos problèmes ne se règlent pas tout seuls du jour au lendemain, sans effort en plus ! Avec un peu de patience et d'énergie, on finit *toujours* par les régler. En fait, si nous voulons, nous pouvons toujours nous débarrasser de nos vieilles bibittes. À tout le moins, le *négatif* dans notre vie fera toujours partie de nous, mais la confiance en soi et la détermination ajoutent une barre verticale sur ce *négatif*… et le tout se transforme globalement en *positif*. C'est comme se fracturer une jambe : si nous prenons le temps de récupérer et si nous nous donnons les moyens de guérir, alors l'os se ressoudera et sera encore plus solide qu'il l'était à l'origine. Par contre, en niant la gravité de la blessure et en marchant sur notre jambe sans attendre la guérison, c'est là que les conséquences néfastes surviennent et c'est aussi là que nous restons avec un handicap ou une faiblesse marquée.

C'est exactement la même chose avec les blessures dans notre petite tête. Si nous ne sommes pas en paix avec ce qui est à l'intérieur de nous, nous ne le serons pas plus avec ce qui est à l'extérieur de nous — donc également avec notre conjoint et nos enfants.

Même si le passé est douloureux, on peut toujours choisir de le laisser derrière et de regarder droit devant. On avance mieux quand on regarde devant soi, non ? Sinon, ne vous demandez pas pour quelles raisons vous tombez sur le c... le coussinet !

Ça va ? Gardez toujours l'intro en tête.

VIE

Homocide

L'intention de ce court chapitre n'est pas d'expliquer l'homosexualité de long en large dans un bla-bla à n'en plus finir. Je veux simplement attirer votre attention sur quelques détails peu banals.

En partant, l'homosexualité n'est pas une maladie ou une déviance sexuelle. C'est une réalité anthropologique qui caractérise la race humaine depuis les origines. Sur cent personnes, peu importe les civilisations et les époques, environ dix sont homosexuelles.

Dans le mot *homophobie*, il y a la dimension de la *peur*. Donc, pas étonnant que les pires homo-« phobes » sont ceux qui se découvrent officiellement homosexuels... et pas étonnant que le taux de suicide y est beaucoup plus élevé par cette crainte d'être constamment rejetés des autres, spécifiquement par les machos qui voudraient les voir disparaître ! Avez-vous déjà constaté ceci : dès que les machos, homophobes, méprisent les gais, ils ne respectent pas plus leur blonde et leurs enfants ? Ils ne font que les contrôler. Ils méprisent également, sans même le savoir, environ 10 % de l'ensemble des personnes qui constituent leurs relations et qui, un jour, s'afficheront homosexuelles.

Écoutez, « vrais hommes » : les gais vous tapent sur les nerfs à cause des caricatures que vous

voyez à la télé ? Un jour, vous aurez des enfants...
dont vous aurez de la difficulté à vous occuper...
Comme tous, vous aurez une chance sur dix qu'ils
soient homosexuels. Vous allez les exclure ? Et vous
laissez croire à vos blondes que vous les aimez.
Est bonne !

À ceux que ça concerne : si vous vous décou-
vrez homosexuels, allez au bout de ce questionnement.
Dépassez votre propre homophobie, *votre* peur !
On sait une chose : vous êtes beaucoup plus res-
pectueux des autres et de la vie que la moyenne
des gens. Votre humanité est bien plus dévelop-
pée. Et vous voulez disparaître à cause des
imbéciles qu'il faut d'abord et surtout ne pas croire
et aussi ne pas tolérer ?

Mais lorsque ces « imbéciles » font partie de
votre famille, je reconnais que c'est extrêmement
difficile.

Ne vous rejetez toutefois pas vous-mêmes !
Ne procédez pas à un *homocide*, s'il vous plaît !

Silence et solitude

Notre grosse faiblesse aujourd'hui, je veux dire dans le style de vie d'aujourd'hui, c'est que tout va tellement vite que nous ne prenons plus le temps de nous centrer sur l'essentiel.

Je parlais plus tôt de « replacer les morceaux de notre casse-TÊTE ». Une fois que le ménage est relativement bien fait dans notre caboche, le seul moyen de l'entretenir convenablement, c'est de nous garder des moments où nous sommes seuls. Complètement seuls ! Être avec son chum ou sa blonde, ce n'est pas « être seul ». Être seul, ça veut dire, ben, ÊTRE SEUL. Nous ne faisons pas le ménage de notre maison quand nous avons des invités. C'est exactement la même chose avec nos temps de réflexion : il faut absolument être seul.

C'est aussi la même affaire en amour : pour bien replacer notre tête et faire du ménage dans nos émotions amoureuses, il faut du temps de repos et de solitude. En bon québécois : *un break* !

Mais être seul avec un livre, un jeu vidéo, de la musique plein les oreilles, devant un écran ou endormi comme un bébé, ça non plus, ce n'est pas « être seul ». Donc, pour bien entretenir notre tête, notre solitude doit être silencieuse. C'est à ce moment-là que notre conscience et notre subconscient sortent de leur terrier. Pas avant.

Pourquoi pensez-vous que plein de gens fuient la solitude et le silence comme la peste ? C'est simple : uniquement parce que leur personnalité et leur propre réalité remontent à la surface. Et c'est là que ça fait mal. Je crois que bien des gens ont tout simplement peur de se faire dire, par eux-mêmes, QUI ils sont. Et pourtant, c'est le seul et unique moyen d'enlever la poussière de notre petite tête. Si je ne suis pas capable d'être seul pendant toute une fin de semaine, il faudrait peut-être que je m'interroge un peu.

On consacre souvent du temps à ses loisirs, à son travail, à ses études, à ses amis, à ses amours, aux gens dans le besoin. Mais à soi ? C'est aussi important et fondamental de se donner du temps à soi et pour soi.

Au fond, ces temps de solitude silencieuse, c'est comme faire la vaisselle : plus on attend, moins on veut la faire et moins on se sent motivé ou capable de la faire… parce qu'il y en a trop. Plus on la fait souvent, régulièrement, plus ça devient une habitude et plus ça devient facile. Une belle façon de se retrouver soi-même, c'est de redécouvrir la nature, l'extérieur, la terre.

Donc, réservez-vous un temps de silence, seuls, régulièrement. Une fois par mois, ce n'est pas assez. Pour quelle raison les communautés religieuses se gardent-elles un temps de réflexion une fois par semaine, parfois plus ? Parce que ces moments permettent aux personnes de réfléchir sur elles-mêmes et de faire le point sur leur vie. Vous comprenez ? Non, ne répondez rien : gardez le silence… et allez à la rencontre de vous-mêmes.

VIE

Together we stand
Divided we fall
Hey you
Pink Floyd

Money, so they say
Is the root of all evil today

Money
Pink Floyd

Chercher à ÊTRE...
avant d'avoir

L'argent ne fait pas le bonheur. Tout le monde connaît ce dicton, mais personne ne veut le mettre en pratique. L'argent apporte le bonheur ? Si vous croyez ça, vous êtes carrément dans le champ. L'argent apporte du plaisir. C'est tout. Tout le monde veut devenir millionnaire en croyant à tort que le bonheur tombera enfin du ciel.

Je vous entends me dire : « Vous ne seriez pas content d'être millionnaire ? » Oui, c'est sûr, mais pas dans le but d'être heureux avec ça. Si je veux travailler à mon bonheur, je ne dois pas espérer devenir riche, sinon je ne le développerai pas. Si je suis déjà heureux dans ma vie, je le serai encore, une fois riche. Si j'attends d'avoir beaucoup d'argent pour obtenir le bonheur, je ne l'aurai jamais.

Pourquoi, pensez-vous ? Vous connaissez déjà la réponse : parce que le bonheur ne s'achète pas. Il s'agit d'une valeur humaine au même titre que l'amour, l'amitié, la joie, l'honnêteté et la vie. Devenez millionnaires et vous constaterez que les gens, vos « amis », ne se tiennent pas avec vous pour VOUS, mais bien pour ce que vous leur apporterez financièrement. Encore là, tout le monde sait ça, c'est aussi évident que $2 + 2 = 4$. Mais est-ce que tout le monde le comprend réellement ? Pas certain. Le roman *Bazaar* de Stephen King fait justement allusion à cet amour-propre orienté vers le matériel.

Bien sûr que ça prend de l'argent pour vivre, et bien vivre. L'argent permet de soulager la misère, d'avoir une meilleure qualité de vie, de s'investir dans des loisirs sains et de ne pas constamment ressentir une pression économique qui nous étouffe. Mais il y a une différence entre répondre confortablement à ses besoins essentiels et ne vivre que dans le luxe.

Ne cherchez pas à « faire de l'argent » simplement pour le trip de « faire de l'argent ». Si c'est votre motivation dans la vie, ne vous demandez pas pourquoi vos relations et vos raisons de vivre sont si fragiles. Le luxe diminue l'instinct de survie, donc la volonté de vivre. Tout ça sans même qu'on s'en rende compte. Le problème n'est pas de faire des profits ou même d'être riche ; en soi, ce n'est pas mal d'être riche. Le problème, c'est vouloir à tout prix être riche, c'est en faire un but ultime. Et lorsque mon *seul et unique but* est de « faire de l'argent », je deviens automatiquement un mauvais travailleur (parce que je n'aime pas ce que je fais), un mauvais employeur (parce que je me fous des personnes qui travaillent pour moi ;

tout ce qui compte, c'est le capital qu'elles me rapportent) et même, malheureusement, une mauvaise personne. Pourquoi une mauvaise personne ? Parce que je fais bêtement passer l'argent *avant* l'humain. Encore une fois, si c'est mon seul et unique but dans la vie. Il faut nuancer, là. Ne lisez pas trop vite.

Les valeurs sociales nous invitent, en nous bombardant d'images de toutes sortes, à adopter un style de vie axé sur la consommation, le matériel et l'apparence. C'est comme si on nous demandait d'être tous pareils, d'être tous des mannequins bien taillés, d'être tous « PARFAITS ». Et c'est justement quand nous nous rentrons cette valeur de perfection dans le ciboulot que nous déprimons et que nous développons des complexes. Comme je le disais plus haut, tout se centre sur le plan de la confiance en soi : pendant que je cherche à être parfait, la vie passe et il ne se passe rien dans ma vie. Vous savez, il y a une différence entre *réussir dans la vie* et *réussir sa vie*.

La perfection, ça n'existe pas. Ah ! dans les films, oui. Mais tout est retravaillé par ordinateur, scénario inclus, selon des valeurs conditionnées par la mode. En 1930, une « belle femme » n'avait pas les mêmes caractéristiques physiques qu'aujourd'hui ; les mannequins actuels auraient été, à l'époque, qualifiés de squelettiques, d'anémiques ou même de malades. Dans la réalité, la perfection n'existe pas. C'est pour cette raison qu'il ne faut pas chercher à l'atteindre selon le mode de vie proposé par les valeurs sociales ou cinématographiques ; quand nous tentons de devenir parfaits, nous sommes constamment déçus, parce qu'il y a toujours quelqu'un de mieux que nous. Au lieu d'essayer d'être parfaits, travaillez donc à devenir BONS. Bons d'abord pour vous-mêmes ; bons pour ceux qui vous entourent également. La bonté, ça se développe et ça fait de nous de meilleures personnes, pas la perfection. Remarquez qu'on ne reproche jamais à quelqu'un d'être correct ; on lui reproche par contre d'être trop perfectionniste ou orgueilleux.

Vous voulez vraiment être heureux ? VRAIMENT ? Alors, placez vos énergies aux bons endroits. Pourquoi les enfants sont-ils si affectés par le manque d'amour ? C'est simple : certains parents privilégient excessivement la vie professionnelle et matérialiste à la vie familiale, travaillent tellement pour faire de l'argent et laissent leurs rejetons en pratique jour, soir et week-end à une gardienne. Comment voulez-vous donner de l'amour à vos enfants si vous n'êtes pas là ? Voyons, c'est un non-sens. Si un jour vous choisissez de fonder une famille, ne faites pas la gaffe de ces parents qui affirment : « Moi, je vais tout donner à mes enfants. Ils ne manqueront jamais de rien. » Ces parents gavent leurs flos de matériel et en font des p'tits capricieux qui ne sont jamais contents, pas débrouillards et en manque flagrant d'autonomie. Un ordinateur ne remplace pas un papa ! Au lieu de les noyer de matériel comme le font certains parents qui veulent à tout *prix* être en « bons termes » avec leurs enfants, donnez-leur l'essentiel : vous-mêmes, par votre présence. C'est la seule possibilité pour réellement donner de l'amour à quelqu'un. Pas autrement. L'expérience humaine, sur ce plan, se résume bien dans l'expression *loin des yeux, loin du cœur*. L'amour ne circule pas dans Internet ni dans un fil téléphonique ; il ne peut exister qu'entre deux personnes seulement, par leur présence mutuelle. Cela implique qu'on ne peut faire de la haute performance professionnelle sans être absent à sa famille.

La solution ? Rester cloîtré dans des taudis sans électricité ? Faut pas être con, quand même. Mais une vie simple permet à l'amour de circuler… « *It's not having what you want. It's wanting what you've got* » (Sheryl Crow).

Vous voulez VRAIMENT être heureux ? Des fois, j'en doute sérieusement. Mais si c'est le cas, alors acceptez de ne pas tout avoir. Centrez-vous sur l'essentiel dans la vie. Faites passer l'HU-MAIN avant le matériel. De cette manière, UNIQUEMENT, vous pourrez être heureux. Pas autrement. À ce compte, c'est *L'échec du matériel* (Daniel Bélanger) À bien y penser, on est davantage riche de ses relations humaines que riche d'argent.

Quand on veut trop AVOIR, on risque d'ÊTRE moins…

Mais j'veux changer de branche
Filtrer mon passé pis sortir mes vidanges
J'aimerais prendre le temps
De faire la paix avec quelques souffrances

Seigneur
Kevin Parent

Le deuil et la souffrance

Vous comme moi, socialement parlant, nous avons grandi dans la ouate. Pour la plupart, nous avons été éduqués et engraissés dans nos chambres transformées en salles de jeux, avec notre ordinateur personnel, notre télé, nos montagnes de jeux et de films, notre gavage au fast food, nos soins hospitaliers gratuits, etc. Bref, nous vivons, vous comme moi, dans une société bien organisée qui tente de réduire le plus possible le niveau de souffrance de ses membres et ainsi d'augmenter le niveau de confort. Ce qui est très bien, soit dit en passant. Paradoxalement, cela cause une augmentation dramatique de la paresse. En d'autres termes, toujours d'un point de vue social, nous sommes tous, en pratique, des Garfield.

L'avantage de cela, c'est que nous pouvons utiliser notre temps à autre chose que combattre la souffrance. Le désavantage, c'est que nous ne savons plus faire face à nos propres difficultés.

Lorsque nous avons une migraine, nous voulons mourir. Lorsque nous subissons un échec, nous voulons mourir. Lorsque l'être aimé « ose » nous laisser, nous voulons mourir et des fois nous le faisons vraiment, hein, les gars ! Et lorsque nous sortons de ce milieu moelleux de notre enfance où nous *avons* absolument tout, lorsque nous devenons de jeunes adultes en sortant du secondaire, alors nous voyons la réalité telle qu'elle est. On constate tous les efforts que nous devons fournir pour prendre notre vie en main, pour prendre nos responsabilités, pour être autonomes, et c'est là que nous craquons. C'est aussi là que le danger du suicide est le plus menaçant.

Saviez-vous que le suicide dans les camps de concentration nazis, tout comme lors des génocides au Rwanda ou au Darfour, était à peu près inexistant ? Et nous, nous possédons l'un des plus hauts taux de suicides au monde. Bravo ! Pourquoi ? C'est pourtant simple : 1 – nous ne savons pas ce qu'est souffrir ; 2 – nous ne savons pas comment faire des efforts pour nous sortir de nos difficultés.

Apprenez à accepter la souffrance. Apprenez à faire face à vos échecs, à vos difficultés et surtout à vos peines d'amour. Et faites-le à jeun. Ça s'apprend aussi facilement qu'apprendre à patiner. Mais si vous voulez faire les séries au hockey sans vous être entraînés au préalable, alors ne pleurnichez pas sur votre sort. Apprenez à faire des efforts. Développez-vous une discipline personnelle qui fait de vous des personnes capables de se prendre en main. Et pour ça, vous devez accepter de faire des sacrifices et des deuils.

Une bonne manière de réussir à passer à travers des difficultés qu'on rencontrera dans sa vie, c'est d'*accepter la réalité telle qu'elle est.* En fait, avez-vous le choix ? Que vous tombiez dans une déprime aiguë ou pire, ça changera quoi ? Acceptez d'être refusés pour un emploi, de ne pas être admis dans un cégep ou une université ; acceptez de ne pas avoir une maison-château, une voiture de rêve et un salaire de fin de carrière à la fin de vos études. Acceptez-le !

Toutefois, accepter la réalité et ses difficultés ne signifie pas abandonner. C'est sûr que vous allez « tomber » dans la vie. Toutefois, ce qui est catastrophique, ce n'est pas de tomber ; le plus catastrophique, c'est de ne pas se relever. En réalité, l'important, c'est de continuer d'avancer, petit à petit, un pas à la fois.

Avez-vous déjà remarqué qu'on a perdu l'instinct d'apprendre à évoluer qu'on possédait plus jeune ? Peu importe les prunes sur le front, l'enfant s'acharne à marcher, n'arrête jamais, même s'il se retrouve les gencives en symbiose avec le prélart aux cinq minutes. En vieillissant, c'est comme si on perdait ce réflexe de survie ; on doit dorénavant combattre pour survivre. Et c'est là que plusieurs abandonnent.

Accepter la réalité ? Oui. Mais en considérant qu'il y a toujours moyen d'avancer et de s'en sortir. TOUJOURS !

Accepter la réalité ne signifie pas *tout* accepter : travailler à vivre avec le suicide d'une personne intime et très proche de vous ne veut pas dire accepter la méthode suicidaire qui sera toujours inadmissible... parce qu'il y a d'autres portes à prendre avant de tuer quelqu'un, peu importe qui, soi-même inclus.

La mort, c'est aussi inévitable et naturel que de respirer. Ça fait partie de la vie. S'il y a une chose, une seule, dont vous pouvez être le plus certains dans votre vie, c'est qu'un jour vous mourrez. Mais ce qui fait le plus mal, c'est de constater qu'une personne qu'on aime décide d'en finir avec la vie. C'est d'autant plus difficile qu'on se le reproche et qu'on se sent coupable de n'avoir pu rien y faire. Comme si on n'avait rien fait...

Après, l'idée nous passe souvent par la tête : « S'il l'a fait, pourquoi pas moi ? » Souvenez-vous de ceci : la personne que vous aimiez — votre père, votre frère, votre ami — avait la ferme conviction que son départ ne dérangerait personne, que personne ne l'aimait assez pour le pleurer. Et pourtant, vous étiez là, les premiers, à crier votre peine. Ça fait toujours mal. C'est la même chose avec vous : si vous considérez que vous ne valez rien, que vous n'êtes que *Dust in the wind* (Kansas), que votre départ ne dérangera personne, alors vous vous trompez. Tout comme votre père, votre frère, votre ami s'était aussi trompé en croyant que vous ne l'aimiez pas assez pour qu'il continue à vivre.

Mais que retenez-vous de votre vie avec cette personne qui est partie ? Est-ce que son passage, son bout de chemin, son partage de vie avec vous ne vous a laissé que la mort dans l'âme ? C'est tout ce que vous retenez d'elle ? La mort ? Elle ne vous a laissé que la volonté de mourir ? Pourquoi l'aimiez-vous, dans ce cas ? Parce qu'elle vous faisait vivre, non ? Alors, pourquoi ne pas garder cela en mémoire ? Pourquoi ne pas adopter ce style de personnalité et de vie que vous aimiez tant d'elle ? Honnêtement, que vous dirait-elle si vous lui annonciez votre intention de vous enlever la vie ? Dites-vous que si vous mouriez demain, votre patron n'aurait aucune difficulté à vous remplacer, mais votre famille et vos amis, eux, ne réussiront jamais.

Acceptez la vie telle qu'elle est en sachant que la souffrance est toujours temporaire. En abandonnant, vous passez à côté de toutes vos chances et de votre pouvoir de changer les choses. Mort, on ne peut rien, et c'est définitif, sans appel, sans retour. Vivant, on peut TOUT ! Je me plais à dire que nous sommes *tout*, alors *tout* peut changer. N'oubliez pas une loi de la nature, *l'effet chaos* : le simple battement d'ailes d'un papillon a une répercussion, par réactions en chaîne, sur l'ensemble de l'écosystème. Le même phénomène se produit avec vos décisions : par réactions en chaîne de vos choix qui font de vous de meilleures personnes, vous contribuez directement à rendre le monde meilleur. Vous en doutez ? Alors, vous doutez d'une loi de la nature.

Dans un documentaire intitulé *Fuck la rue,* présentant deux filles en fugue à Montréal, l'une d'elles, Véronique, énonce une affirmation tout à fait géniale : « *La vie, c'est un temps. T'as le choix de bien faire ou de mal faire ton temps, pis ensuite y a des conséquences. T'as rien pour rien ; tu récoltes ce que tu sèmes : quand tu donnes une rose, y te revient un bouquet, pis quand tu donnes une aiguille, y te revient un couteau. C'est comme ça...* » Quand je vous dis que c'est une affirmation géniale, c'est qu'elle est tout à fait vraie. Nous voulons TOUT en ne faisant RIEN. Nous lançons des objets dans les airs en n'acceptant pas que la force de gravité les ramène au sol. C'est pas de même que ça marche ! Allô ! On se réveille, là ! La vraie vie ne se passe pas comme dans un film !

Quand nous y songeons comme il faut, nous nous rendons compte que l'orgueil et l'égoïsme occasionnent la presque totalité du mal à la fois personnel et mondial. La cause ? *La paresse.* C'est plus facile d'être violent que d'être doux, c'est plus facile de prendre que de donner, c'est plus facile de blâmer les autres que de reconnaître ses torts et c'est plus facile de réclamer l'amour que d'aimer. Et cette paresse-là, malheureusement, est causée par notre mode de vie axé sur la télécommande. La technologie est très utile et agréable, n'en doutez pas. D'un autre côté, elle fait de nous des êtres paresseux et dépendants, et c'est là qu'il faut apprendre à doser. Concrètement, c'est bien d'écrire à sa mère via Internet. Ce qui est mieux, c'est d'aller l'embrasser.

Encore une fois, dépasser une souffrance, vivre des deuils, faire des efforts, ça s'apprend. Et vous avez grand intérêt à l'apprendre. Pourquoi ? C'est juste que votre vie personnelle en dépend. Y a rien là au fond, hein. T'sais...

VIE

Il y a plein de choses que je pourrais faire
Pour chasser l'ennui
Au lieu de boire tous les soirs
En regardant passer ma vie

Fréquenter l'oubli
Kevin Parent

La drogue ?

Avant d'oser dire quoi que ce soit sur ce sujet devenu un peu tabou, un principe de base doit être énoncé et gardé en mémoire tout au long de ce chapitre : *on peut être contre la drogue, mais il ne faut pas être contre celui qui en prend*. Et il ne faut pas faire la bêtise de généraliser tout ce qui sera dit après, en confondant consommations abusive et occasionnelle. OK ?

L'idée de cette section n'est pas, encore une fois, de faire une petite leçon de morale de maîtresse d'école mais plutôt de suggérer des points de repère. Cela dit, mon but ne sera pas non plus d'être *in*.

Écoutez : si au moins on constatait réellement que la drogue améliore notre condition et nous permet d'évoluer... Mais ce n'est pas ce qu'on voit. Ce qu'on observe, c'est bien simple : la drogue, *c'est d'la marde*. Ça aussi, vous le SAVEZ ! Les haut placés des organisations criminalisées interdisent à leurs enfants de toucher à ça parce qu'ils savent pertinemment que le seul et unique but dans le monde de la drogue, c'est de faire du cash sur le dos des plus fragilisés par ce qu'ils vivent.

Pourquoi prend-on de la drogue ? Parce que c'est le fun. Dans certains cas, c'est aussi pour nous faire oublier nos problèmes pendant quelques heures, et ça, en se foutant des conséquences.

Quand on en est rendu à s'engourdir les neurones toutes les fins de semaine et même durant la semaine, y commence à y avoir un problème. Dès qu'une régularité s'installe, la dépendance prend aussi racine. Dès que j'en arrive à dire : « J'ai le contrôle », c'est que je ne l'ai plus, car je sais déjà que j'en prends trop.

La cigarette cause le cancer du poumon. Pas nouveau. La fumée de marijuana est pire, lorsqu'on sait que, entre autres, elle cause des maladies mentales. Que la marijuana soit un jour légalisée ou non, ça ne change strictement rien à la réflexion. Nous voulons constamment vivre des sensations fortes, à la manière d'un jeune enfant qui n'arrive pas à se contenter de ce qu'il a. Nous en sommes même rendus à boire et à fumer *seuls* : c'est la pire des gaffes et le principal symptôme d'une dépendance profonde. À chaque petite frustration insignifiante, nous nous disons : « J'vais en virer une maudite en fin de semaine ! » Si l'alarme n'a pas déjà sonné dans votre tête, c'est qu'il est grand temps de changer la pile du détecteur.

Ça vous appartient : continuez à être chauds ou gelés ou les deux, devenez accros sans même vous en rendre compte, tout en croyant qu'il n'y a rien là et que vous avez le contrôle, alors que c'est en réalité un petit gramme qui vous possède. Sachez cependant que vous vous prostituez et que vous

n'êtes pas mieux qu'un père incestueux. « Wo !
Wo ! Monsieur Ti-Carl, vous charriez un peu, là ! »
Ah oui ? Au lieu de pogner les nerfs en lisant ça,
pensez-y donc un peu plus profondément. Un père
incestueux profite de la naïveté de sa petite fille en
lui faisant croire que ses jeux sexuels sont agréa-
bles et bons pour elle et... pour lui. Des années
plus tard, la petite fille se rend compte qu'elle a été
abusée sexuellement. Le plus dramatique pour elle,
on y a déjà fait allusion, c'est qu'elle se reproche
d'avoir parfois aimé ça. Et les idées suicidaires
surviennent, car elle se considère véritablement
comme une pute.

C'est la même maudite affaire avec la drogue.
Pour payer ses dettes ou pour *jouer la game*, on
va profiter de la naïveté et de l'état de crise des
plus jeunes, leur faire croire que la dope, c'est bon
pour eux. Ça ressemble à un gars qui profite du fait
qu'une fille est chaude durant un party pour la
tripoter ; ensuite, il se dit son ami. Quelle conne-
rie ! On se fout carrément des conséquences, des
dettes qu'ils auront et du suicide possible qu'ils
commettront lorsqu'ils croiront que leur vie est
finie parce qu'on a abusé d'eux. Y charrie, le Ti-
Carl ? Réfléchissez-y donc deux minutes. Quel est
le but réel de vendre aux plus jeunes ? Améliorer
leur qualité de vie ? Faire d'eux de meilleurs individus ? Tout est une question de cash ! Et vous
êtes les premiers à dénoncer la société de consommation qui n'est animée que par le fric. On
n'est pas mieux en vendant aux plus jeunes !

Comme l'a déjà dit le chanteur Kevin Parent
dans une entrevue : « C'est rendu qu'on a besoin
de se soûler pis de se geler pour communiquer et
pour s'amuser. Ça me fait chier, ça ! » C'est vrai
que ça fait chier. D'autant plus que vous dénon-

cez vous-mêmes le manque de communication et vous n'êtes seulement pas foutus d'utiliser les bons outils.

Euh... Vous gardez en tête le principe de base, OK ? Respirez un peu si vous êtes fâchés. Ça va aller ?

On essaie par tous les moyens de se convaincre qu'y a rien là, prendre de la drogue. La manière, la manie, qu'on a de se défouler avec ça après nos frustrations fait très rapidement en sorte qu'on développe une habitude. On devient toxico-*mane*. Et on reste pris avec ça souvent toute notre vie.

Ce qui m'écœure dans tout ce bordel, c'est de savoir que des cas référés en psychiatrie sont directement associés à l'abus de drogue et... et on sait aussi que le taux de suicide est dramatiquement plus élevé chez ceux qui consomment. C'est pas vrai que, prendre de la drogue, y a rien là. C'est pas vrai !

Si vous voulez triper et vous éclater complètement un jour, cherchez à le faire dans un court laps de temps. De cette manière, vous augmenterez vos chances de reprendre le contrôle. Quand ça fait des mois et des années que dure le trip, on est fait ! On a développé la manie de s'intoxiquer. Faut en revenir un jour. Vous seriez surpris de savoir combien de filles du SECONDAIRE pipent des gars plus vieux pour payer leurs dettes de dope. C'est pour passer un simple trip de cul ? Désolé, mais moi, j'appelle ça bêtement de la prostitution. Parce que ça en est.

Je dirais qu'on retrouve, entre autres, trois grandes caractéristiques particulières chez ceux qui consomment – alcool ou drogue – de façon régulière :

1. La *dépendance aux copains* – et je n'ai pas dit « amis », car il y a toute une différence . Je ne sais pas si vous êtes au courant que des étudiants choisissent leur lieu d'études en fonction de leurs copains. Ça se fait très souvent. Certains vont même changer de programme d'études pour ne pas être séparés de leurs *tis-amis* ! Attaboy ! Belle autonomie !

   Je ne dis pas que c'est mal d'avoir des partys avec ses copains – à me lire depuis le début, j'espère que vous avez compris que c'est moi le cabotin dans les partys ! Je dis de faire des choix en fonction de soi, pas en fonction des *tis-amis* !

2. Conséquence directe de la première caractéristique : *la difficulté à être seul.* Remarquez que bien des consommateurs paniquent littéralement lorsqu'ils sont seuls. La raison ? Relisez-la section *Problèmes et drames personnels.*

3. *La difficulté à accepter une frustration.* Qu'il s'agisse d'un échec ou d'une dispute, la majorité refuse de se faire dire non, donc ils sont frustrés, donc ils consomment pour s'éclater au lieu de faire éclater le problème, donc ils croient avoir le contrôle, donc ils ne l'ont pas, donc ils deviennent accros.

Vous croyez évoluer en vous gelant ? Vous devenez de meilleures personnes, construisant l'humanité en vous et autour de vous ? Vous croyez avoir le contrôle ? Vraiment ? Désolé de vous apprendre le contraire. Un vide, ça se remplit autrement. La drogue ne fait que l'agrandir. Je vous suggère grandement de lire *Le vide* de Patrick Sénécal. Même si c'est un roman hard, ça décoiffe par les vérités qui y sont présentées !

Petite question lancée en pleine gueule, comme ça : combien de jours consécutifs êtes-vous à jeun durant la semaine ?

Autre détail — retenez-le, celui-là : ce que l'on dit sous l'effet de l'alcool, de la drogue, du stress, de la colère ou d'un SPM, on le pense vraiment. Ça pourrait peut-être vous révéler certaines choses, non ? Surtout ce qui est affirmé en gang durant les partys...

Bon, alors, ceux qui n'ont pas déjà lancé le livre au bout de leurs bras par frustration ont bien compris les consignes de lecture énumérées dans l'introduction : c'est seulement une stratégie de réflexion. Je répète le principe de base : *on peut être contre la drogue, mais il ne faut pas être contre celui qui en prend.* Et il ne faut surtout pas généraliser les propos colorés que vous venez de lire. Les autres, *allez en prison directement, ne passez pas GO, ne réclamez pas 200 $.*

Les temps sont fous
Aide-moi !
Daniel Bélanger

L'avenir...

Le futur n'existe pas en lui-même, comme quelque chose de tracé à l'avance ou de déjà décidé. Il est seulement le résultat des choix que nous faisons dans le présent. Si vous croyez au destin où tout est « écrit » d'avance, alors vous sous-estimez le pouvoir de vos choix. Si tout est prédéterminé, alors nous ne sommes plus des êtres conscients, capables de choisir entre le bien et le mal. De toute façon, avez-vous remarqué que toutes les prédictions de fin du monde ou de cataclysme mondial précédant le tournant du millénaire ne se sont pas produites ? Même ceux qui interprètent les vers de Nostradamus restent sur leur appétit. Non, le futur ne se prédit pas parce qu'il N'EST PAS. Même si vous entendez proclamer : « Dans vingt ans, ça va être l'enfer sur terre », dites-vous bien qu'on a déjà dit ça il y a mille ans et que tout peut changer en quelques minutes – les événements mondiaux du 11 sep-tembre 2001 aux States, la chute du régime militaire de Saddam Hussein en Irak en 2003, le tsunami de 2004 en Indonésie, les fusillades du Collège Dawson en

2006 et de l'École polytechnique en 1989 à Mont-réal, pour n'énumérer que ceux-là, en témoignent.

Tout cela pour dire que ça ne sert à rien de s'inquiéter en supposant que ce sera l'enfer sur terre dans l'avenir. Pourquoi avoir peur de demain alors qu'on ne sait même pas ce qui va se produire réellement dans une heure ?

Le même phénomène se répète avec ceux qui ne vivent que dans le passé ; ce sont des nostalgiques, des personnes qui idéalisent le passé pour laisser croire que le futur ne sera jamais mieux. De leur bouche sortent des affirmations du style : « Quand j'étais jeune, c'était mieux ! » ou « Dans mon temps... »

Les personnes optimistes croient que l'avenir sera meilleur justement parce qu'elles croient en elles-mêmes au moment présent. Elle savent qu'elles peuvent changer les choses, en commençant par elles-mêmes. Les personnes pessimistes ont constamment peur de ce qui va leur arriver. Elles croient que tout va en se détériorant, que la vie ne vaut pas la peine d'être vécue, que tout va mal partout dans le monde, etc. Elles ne croient pas en leur pouvoir de changer les choses et ne font que subir.

Parlant de cette perception que *tout va mal dans le monde*, rappelez-vous toujours ceci : l'expression « société pourrie » n'est qu'une interprétation des médias et de notre soif de parler du mal. Les bulletins de nouvelles ne présentent que le millième de la réalité. Tout le reste de la vie humaine se passe bien. Vous ne verrez jamais au téléjournal un père et un fils se réconcilier : trop ordinaire. Vous allez les voir se tuer, par exemple. Et lorsqu'on perd ça de vue, on pense que la société est pourrie, que le monde entier est pourri. Alors que c'est tout le contraire.

C'est drôle, hein : on croit davantage ce qui est véhiculé dans les chansons et dans les films que la réalité elle-même. Dans la vie, il y a beaucoup plus de belles choses que de mauvaises. Mais quand on apprend qu'un violeur a agressé une femme, on suppose trop vite que tous les gars sont des violeurs et qu'il y a partout risque de se faire agresser.

Lorsque je fais la petite prière, certains soirs, avec mes enfants – du moins, j'essaie... –, je ne leur apprends pas à réciter un poème religieux à l'eau de rose ; j'énumère avec eux les beaux moments qu'ils ont vécus dans la journée. Ils dormiront avec autre chose que du négatif dans la tête. Vous saisissez l'idée ?

Ici, au Québec, nous faisons tellement pitié socialement. Nous avons des mesures d'aide sociale de dernier recours après le chômage ; nous pouvons accéder aux prêts et bourses pour les études supérieures – allez étudier aux États-Unis, pour le fun ! – ; notre système de santé, aussi imparfait soit-il, ne nous coûte en pratique pas une maudite cenne chaque fois que nous nous rendons à l'hôpital car tout le monde participe à l'effort de guerre pour la santé (ceux qui ont déjà été hospitalisés aux États savent de quoi je parle) ; la femme est égale à l'homme et a les mêmes droits, ce qui n'est pas le cas en Algérie, en Chine ou en Amérique du Sud ; les enfants sont protégés par la DPJ et ne sont pas vendus comme esclaves, comme main-d'œuvre à bon marché employée par une multinationale ou comme objets sexuels ; nous avons la liberté d'exprimer nos désaccords politiques sans être emprisonnés ; nous ne sommes pas en guerre, assiégés par un ennemi qui veut se débarrasser de nous ; nous avons la possibilité de choisir notre conjoint, alors que, dans plusieurs pays, c'est le père qui décide du sort conjugal de ses enfants.

J'ai pas fini ! Sur 100 personnes sur la planète, 20 vivent dans des maisons confortables, 30 savent lire et écrire, 50 souffrent de malnutrition, 1 possède un ordinateur. Socialement, vous vous situez où là-dedans ?

Notre société québécoise est pourrie ? Non mais, vous êtes dans le champ ben raide ! Méchants aveugles, ceux qui affirment ça ! Nous avons tout, comme structure sociale, pour assurer le respect de nos droits les plus fondamentaux, pour nous soigner, pour nous instruire gratuitement et pour combler nos besoins.

Lisez bien ceci : vous avez plus de chances de réussir vos études que de les couler ; vous avez plus de chances de trouver du travail que de ne pas en trouver ; vous avez plus de chances d'être heureux que d'être malheureux. En fait, nous croyons que tous les malheurs vont nous tomber dessus alors que toutes les probabilités prouvent le contraire. *La vie, elle est rose et, la vie, elle est toute belle ?* Ben non ! Mais elle est plus belle que laide. Rappelez-vous encore une fois cette feuille blanche sur laquelle on dessine des petits points noirs : lorsque nous regardons la feuille, nous ne voyons que les points noirs, nous les exagérons pour en faire la seule réalité qui existe alors que nous oublions la page blanche qui forme la vraie réalité. N'oubliez pas la page blanche ; n'oubliez pas la réalité, la vraie.

Et pour bien voir la vraie page blanche, il ne faut pas vivre dans le passé ni dans le futur, mais dans le présent. Les dictons *Vivre au jour le jour* et *À chaque jour suffit sa peine* n'existent pas pour rien. Bien sûr, il faut avoir de l'ambition et des projets. Mais ne regrettez pas le passé ; ça le dit, c'est passé, et on ne peut jamais revenir en arrière. Ne craignez pas le futur ; l'avenir n'est pas encore bâti.

En fait, votre futur ne dépendra que de vos choix présents.

VIE

L'amitié

Un copain, ce n'est pas un ami. Des copains, je peux en avoir en quantité industrielle. Toutefois, si je dépasse le nombre de quatre ou cinq *amis*, je commence à confondre amitié et camaraderie.

L'amitié est nécessaire. À vrai dire, il vaut mieux avoir un ami que cinquante copains.

Avec les membres de notre gang, nous partageons les mêmes activités, nous sentons que nous faisons partie d'une collectivité. Et c'est très bien. Mais si, par crainte d'être *reject*, nous cherchons à être pareils aux autres en n'étant plus nous-mêmes, là, y a un problème. La gang nous respecte uniquement lorsque nous lui ressemblons. Quand nous changeons dans notre vie, nos copains ne changent pas avec nous. Par contre, nos amis vivent ce changement avec nous.

Si je cherche des *amis* dans une gang, je ne suis pas au bon endroit. Confiez un secret à quelqu'un de votre groupe et vous constaterez assez rapidement que votre secret ne sera plus secret. Y a pas pire mémères que des personnes en groupe, peu importe l'âge. Inutile de spécifier qu'en gang l'âge mental diminue de façon significative. Peu importe les personnes, là aussi. On dit et on fait des choses qu'on ne ferait jamais seul. Faire toujours comme les autres fait en sorte qu'on est constamment déçu de soi-même. Plus on est souvent en gang, plus on agit avec un âge mental réduit ; ça va avec. Ça vous rappelle quelque chose ?

Prenez bien conscience de ceci : 75 % des gens suivent 25 % de têtes fortes. Ça revient à dire que vous avez 75 % des chances de vous laisser influencer par quelqu'un, positivement et négativement. Et lorsqu'on ne dit jamais non, on se fait automatiquement exploiter. Cela vaut pour le couple, la famille, la gang, la religion et le travail. En réalité, c'est de donner à quelqu'un du pouvoir sur moi. Et tant qu'il l'aura, il l'exercera. Donc, la seule force du manipulateur, c'est la fragilité du manipulé qui le craint, non qui le respecte.

La confiance et la fidélité sont les fondations de l'amitié vraie. La confiance permet à la relation d'évoluer et de grandir ; la fidélité fait durer cette relation malgré les difficultés, les changements et même les chicanes.

À l'inverse, la plus grande souffrance avec un ami, c'est la trahison. Justement parce que la confiance est directement atteinte, ce qui est moins le cas avec les camarades. Mais souvent, dans une amitié vraie, il ne s'agit pas de trahison. Prenons l'exemple de Marie qui court chercher de l'aide chez un travailleur social pour une amie qui venait de lui confier ses idées suicidaires. Cette amie sera probablement choquée au début, se sentira certainement trahie. Cependant, et là est la maturité d'une amitié vraie, Marie pourra lui dire : « Je préfère que tu me détestes que de te voir morte ! » Dites-vous que, lorsque cette amie repensera à tout ça, elle reviendra voir Marie pour lui dire qu'elle avait raison et pour la remercier. C'est tout le contraire de la « loi du silence » qui prévaut dans certaines gangs : on préfère demeurer en bons termes avec quelqu'un que de le savoir en colère contre soi, et ce, même au prix de sa vie. Ceux-là ne sont que des copains.

J'ajoute un autre élément à ce sujet. Lorsque tout va mal dans ma vie, mon ami peut m'écouter et sympathiser à ma cause, mais il ne peut pas être mon thérapeute ou mon psychologue. C'est simple : le lien affectif entre lui et moi est trop fort pour que je puisse réfléchir correctement. Mon ami sera pris par les émotions et n'osera pas me dire la vérité, de peur de me blesser. C'est pour ça que je dois aller voir quelqu'un, à l'extérieur de mes relations, qui ne se gênera pas de me dire la vérité en pleine face, sans préjugés de sa part et de la mienne.

Vous êtes toujours là ? Je poursuis. Dire à quelqu'un : « Tu es plus qu'une amie pour moi », c'est en réalité lui confirmer qu'elle n'est plus cette amie. Comment peut-on être *plus* qu'un ami ? Les gars, lisez bien ce qui suit : si je tiens à ce qu'une fille me considère toujours comme son *ami,* il ne faut pas que je couche avec elle. Plus : je dois même refuser ses avances sexuelles. Si je me laisse séduire par elle, tôt ou tard, elle ne me considérera plus comme son ami. Je serai pour elle comme tous les hommes : facile à séduire. À ce compte, je ne suis plus son ami, mais bien son amant. Et c'est irréversible, finie l'amitié authentique entre nous deux. On ne se regarde plus de la même façon justement à cause de cette limite franchie qui laisse toujours la porte ouverte ou qui crée un malaise.Tout comme lorsqu'une fille est ma blonde, elle peut rarement redevenir mon amie par la suite, une fois la séparation survenue. Et même si vous dites : « Ben non, moi, c'est pas comme ça que ça s'est passé, on est restés de bons amis », regardez cela sous tous les angles et faites votre petite enquête, vous arriverez bien aux mêmes conclusions. Elles sont très rares les personnes qui ont la maturité nécessaire pour dépasser les émotions. La preuve : votre conjoint vous propose d'inviter à souper, chez vous, sa très grande amie et confidente qu'il fréquente régulièrement. Et cette grande amie, c'est son *ex* ! Pas sûr que vous seriez très à l'aise...

Mon amie me considère comme une référence solide et stable, en qui elle a confiance. Si je couche avec elle, sa relation avec moi change du tout au tout. Et c'est à moi, en tant que gars, à me tenir tête à moi-même et à ne pas céder à mes fantasmes ou à la séduction. Encore une fois, si je tiens à ce qu'une fille me considère toujours comme un ami vrai. Déduction : une *fuck friend* ne peut inévitablement pas être une amie. Je peux demeurer peut-être en bons termes avec elle, mais c'est tout. Un jour ou l'autre, elle me chassera de sa vie, ou vice versa.

En pratique, si je veux vivre un trip de cul avec quelqu'un, c'est plus facile avec une personne que je ne connais pas déjà. On est célibataire, on ne doit rien à personne. En soi, ça va. Petit détail similaire à la drogue (et là, rien à voir avec les jugements de ces bornés de puritains !) : si vous voulez vivre des trips de cul, faites-le dans un court laps de temps. Après une frustration, en vous défoulant dans le sexe, vous développerez une manie, une habitude. Vous devenez un sexo-*mane*. Vous vous dites : « Quand je serai en couple, j'arrêterai. » Et ce n'est pas ce qui se produit. La manie reste. Et la difficulté à demeurer fidèle aussi.

En fait, la fidélité n'est pas une valeur à vivre « parce qu'il le faut » ; une relation extraconjugale n'est pas un geste criminel, à ce que je sache. Ce qui est en jeu, c'est plutôt la stabilité émotive du couple et de la famille qu'il fondera. Le fait d'avoir des enfants n'efface pas notre sexomanie ni notre toxicomanie, soit dit en passant.

Ce qu'il faut savoir aussi, c'est que, tôt ou tard, on finit toujours par expulser ses amants et ses maîtresses de sa vie. Tôt ou tard. C'est inévitable. Quand on oriente sa vie vers des relations stables et qu'on veut fonder une famille, on fait le grand ménage dans ses relations. De nos anciennes relations, seules restent les personnes suivantes : les parents, les frères, les sœurs, la parenté… et les amis. Les copains, on les flushe pour la plupart. C'est ben plate à dire, mais c'est ça quand même. Et remarquez qu'après le secondaire, le cégep ou l'université, bien des gens effectuent ce ménage. Souvent, il se fait tout seul par la force des choses.

Ça vous dérange, ce que je dis, n'est-ce pas ? Souvenez-vous que ce ne sont que des mots écrits d'une façon à vous faire réagir, dans le but de vous faire réfléchir. Ça va aller ?

Je continue. Mes parents ne doivent pas être mes copains. Ce ne sont pas eux que j'invite à mes partys. Et si mes parents sont mes chums, qui va être mon père ou ma mère pour me dire « non » ? Mes parents peuvent devenir mes égaux lorsque je n'habite plus avec eux et que je suis moi-même un adulte.

Alors, je conclus. C'est humainement beaucoup plus significatif de travailler à se faire de vrais amis que de cultiver une tonne de copains. Ça ne veut pas dire de ne pas avoir de camarades, au contraire. N'oubliez pas que les copains sont très utiles et importants pour rendre la vie agréable et pour se permettre des folies partagées. Toutefois, les amis ne sont pas seulement utiles : ils sont essentiels. Tellement essentiels qu'**il vaut mieux avoir de vrais amis et être sans conjoint qu'avoir un conjoint et être sans amis**.

VIE

Si on ne croit en rien, sauf dans les ténèbres,
alors comment avance-t-on ?
Dreamcatcher
Stephen King

Vous êtes capables de faire de si beaux rêves
et de si horribles cauchemars.
Vous vous sentez si perdus, si isolés, si seuls.
Mais vous ne l'êtes pas.
Dans toutes nos recherches,
la seule chose que nous ayons trouvée
qui rende la vie supportable, c'est L'AUTRE.
(Extrait tiré du film *Contact*)
Carl Sagan

Vos croyances

Lorsqu'on fait la comparaison des valeurs sociales actuelles avec celles d'il y a cent ans, un élément existant jadis est absent de la préoccupation de la plupart des gens aujourd'hui : la spiritualité. « Bon, bon ! Quelle religion y veut nous vendre, à c't'heure ! »

Aucune ! Sans tomber dans le panneau de la conversion religieuse radicale et fanatique, il s'agit simplement de savoir que la dimension spirituelle fait partie de l'être humain au même titre que l'aspect psychologique ou intellectuel. Le fait de CROIRE est un besoin de l'être humain. Ce n'est pas pour rien que 95 % de la population mondiale croit en Dieu sous une forme ou sous une autre. Remarquez ceci : beaucoup de gens affirment ne plus croire en Dieu (bah ! trop quétaine !), mais s'embarquent dans des mouvements ésotériques. Les gens se cherchent, veulent une façon de donner un sens global et universel à leur vie. Et pour cette raison, plusieurs se laissent avoir par une multitude de croyances. Et c'est là que la menace des sectes se fait plus présente. Vous n'avez qu'à lire le récit *L'Alliance de la brebis* de Gabrielle Lavallée pour bien saisir cet aspect de la faiblesse affective.

C'est entre 20 et 25 ans qu'on est le plus instable sur le plan spirituel. À 16 ans, on ne fait qu'être en réaction aux croyances religieuses de ses parents. Dans la vingtaine, on se questionne réellement, donc on devient instable, donc le danger de gober n'importe quelle cochonnerie devient sérieux. C'est pour ça que c'est plus important qu'on le croit de se bâtir une stabilité spirituelle qui donne des réponses précises aux questions sur la vie, la mort et la souffrance. Ces réponses doivent être logiques pour soi.

Si un jour on vous parle de fin du monde imminente, d'une personne qui a reçu les révélations d'un Être supérieur, de l'omniprésence de Satan à travers la société, de personnes *perdues* si elles ne sont pas membres du groupe des « sauvés », de l'enfer qui sera bientôt sur terre et bla-bla-bla, alors questionnez-vous sérieusement. À la limite, tournez les talons et partez. De plus, vérifiez les caractéristiques sectaires suivantes : la place limitée de la femme par rapport à l'autorité et aux décisions, l'alimentation réduite, le fait de couper contact avec sa famille et de cesser ses activités sociales, l'argent qu'on vous soutire obligatoirement, la tenue vestimentaire imposée, la réduction du nombre d'heures de sommeil, la sexualité non respectée, la liberté de pensée et d'expression bafouée, les croyances ou doctrines imposées par la force, le reniement par le groupe si on le quitte et l'interdiction d'être seul avec soi-même – pour éviter de penser et de développer l'esprit critique –, bref, tout ce qui atteint la liberté d'être et la dignité humaine. Si certains des éléments présentés ci-haut vous concernent, il faudrait peut-être vous poser des questions. En passant, avez-vous remarqué que plusieurs de ces situations peuvent concerner la vie de couple ? Jetez un nouveau coup d'œil à la liste, pour le fun.

Tout cela ne veut surtout pas dire de mettre de côté la spiritualité, au contraire. Au sujet de cette dimension spirituelle qu'on a perdue, je vous dirai ceci : retrouvez une spiritualité qui fait de vous de meilleures personnes. Et pratiquez-la ! Que ce soit une forme de méditation, de réflexion, de prière ou de rencontre quelconque, réservez-vous du temps pour redécouvrir l'Universel. Développez une spiritualité qui vous permette de voir la vie, les autres – vous-mêmes inclus – et la mort d'une manière différente, plus engageante et plus vivante, question d'être sensibles à la souffrance des autres, de travailler à éliminer le mal en vous et autour de vous et de faire passer l'humain *avant* le matériel. Les personnes croyantes donnent souvent un sens à leur vie et possèdent cette capacité supplémentaire de se battre contre l'orgueil et l'égoïsme qui causent la presque totalité du mal dans le monde. De plus, la spiritualité prémunit contre les gourous de sectes ou de mouvements fuckés.

Maintenant, quelles sont vos croyances et que vous apportent-elles ? L'astrologie ? Le tirage de cartes ? Les rencontres avec des voyants ? Les regroupements sataniques ? Ouija ? Est-ce qu'elles vous font évoluer spirituellement et humainement ? Comment se fait-il que tous les voyants d'Amé-rique n'aient pas prédit la destruction du World Trade Center à New York ou le tsunami indonésien ? C'était quand même gros, non ? Par contre, on croit dur comme fer la voyante qui a affirmé qu'on aura un amoureux dans deux mois et qu'il s'appellera Bobby. Dès qu'il est question de prédire l'avenir, c'est là qu'on se goure. Faites un petit test : conservez vos prédictions horoscopiques et ne les lisez que dans un an ; vous constaterez bien des choses... L'étude de l'histoire des philosophies – *Le monde de Sophie*, de Jostein Gaarder, en est une bonne lecture – nous montre que l'être humain a toujours travaillé à se sortir du destin. Si tout est décidé d'avance, nous n'avons aucune liberté.

Revenons à nos moutons. De la spiritualité se dégage un interdit assez universel dans le monde, peu importe la religion : l'interdit du meurtre. Pourquoi ? Parce qu'éliminer une vie humaine, c'est atteindre ce qui existe de plus sacré au monde. Car la personne est absolument et catégoriquement irremplaçable. Tout comme VOUS êtes irremplaçables... c'est aussi « interdit » de vous tuer vous-mêmes, car votre perte est trop considérable. Et la seule personne qui peut douter de votre valeur si grande, eh bien, c'est vous-mêmes.

Lisez le livre *La Vie après la vie* de Raymond Moody, surtout l'additif concernant le suicide. Cet ouvrage contient des témoignages de gens ayant frôlé la mort, que ce soit des jeunes, des vieux, peu importe les religions ou les croyances. Si vous êtes attentifs à ce qui se dit autour de vous, vous découvrirez que plein de personnes, possiblement même dans votre propre famille, ont déjà vécu une expérience semblable. Ce qui attire l'attention, c'est que ces expériences ne peuvent être des hallucinations ; nous ne faisons pas tous les mêmes rêves, à ce que je sache. Un mode de fonctionnement du cerveau au moment de la mort ? Peut-être. Mais comment des individus, enfants inclus, ont-ils été en mesure de décrire ce qui se passait autour d'eux et dans les pièces voisines de l'hôpital ? Et au sujet du suicide, les gens qui ont fait des tentatives, qui ont frôlé la mort et qui en sont revenus sont unanimes à ce chapitre : il n'était pas question de diablotins à queue fourchue, mais s'enlever la vie ne réglait pas leurs problèmes ; leurs émotions demeuraient et persistaient. Au fond, ça ne changeait rien à leur situation, mis à part la perte de leur pouvoir réel de changer les choses. Ils étaient encore en recherche d'eux-mêmes et d'une solution.

« J'crois pas à ces affaires-là, moi ! Quand on est mort, on est mort, point ! » OK ! OK ! On se choque pas. On fait juste parler, là. Mais êtes-vous vraiment sûrs qu'il n'y a rien après la mort ? Qu'est-ce qui vous certifie qu'après le suicide, ce n'est pas pire ? En avez-vous la preuve ? Qui vous a dit que vous iriez rejoindre votre grand-maman décédée ou votre frère qui s'est enlevé la vie ? Parce que ce n'est pas ce que les témoignages de gens ayant frôlé la mort affirment.

Des livres comme *La Vie après la vie*, ça ne *prouve* pas l'existence de Dieu ou d'une forme de vie après la mort, car ce sujet ne se situe pas dans le domaine scientifique, avec preuves et vidéos. On ne peut que *croire* que Dieu existe, tout comme on ne peut que *croire* qu'il n'existe pas. Dans les deux cas, il s'agit d'une croyance. Au fond, à bien y réfléchir, c'est comme l'amour : ce n'est qu'une croyance. Vous aimez votre mère ? Prouvez-le… Vous vous rendrez bien compte que vous ne pouvez en aucun cas *prouver* que vous aimez une personne ; elle ne peut que se fier à vous par la confiance, c'est tout. Le film *Contact*, avec Jodie Foster, exploite bien cette notion.

Juste un petit exercice pour vous illustrer la notion de foi ou de confiance : pensez à quelqu'un que vous aimez. Maintenant que vous avez son image en tête – et je sais pertinemment que vous en avez une –, prouvez-le-moi. Montrez-moi cette image-là. Je ne peux que vous *croire* lorsque vous me dites qu'elle est présente dans votre tête. En aucun cas vous pourrez, de quelque manière que ce soit, m'en donner la preuve scientifique. Et pourtant, elle est là.

Je ne veux pas faire un essai philosophique détaillé sur la question, mais supposons que Dieu n'existe pas, alors tout m'est permis. Je n'ai aucun compte de ma vie à rendre. Mais si Dieu existe – supposons seulement –, alors je suis peut-être beaucoup plus responsable de mes actes que je ne le crois. À ce compte, j'ai une responsabilité humaine des actes que je pose et j'ai peut-être aussi une responsabilité spirituelle. Responsabilité de mes actes animés par le mal, bien sûr, ET responsabilité de mes actes animés par le bien. Ces derniers sont les plus nombreux chez la très grande majorité des gens, vous inclus. Ne l'oubliez pas.

Que Dieu existe, on ne pourra jamais le prouver. Que Dieu n'existe pas, ça non plus, on ne pourra jamais le prouver. Mais, vous savez, ce n'est pas Dieu qui est quétaine, c'est la manière dont on le présente. Et au bout du compte, une notion assez universelle ressort d'à peu près toutes les formes de religions permettant à l'humain d'évoluer : *l'important, c'est l'amour.*

L'amour de soi…
L'amour de l'autre…
L'amour de la vie…

Tout va bien, tout est beau
Bien beau qui finit bien
Et qui rime à rien
Qui rime à rien de bien nouveau
Depuis l'année zéro
Tout va bien, tout est beau
Tout l'monde veut un château
Pour ce que ça vaut
Ça vaut rien de bien nouveau
Depuis l'année zéro

Journal
Serge Fiori

VIE

If you love somebody, if you love someone
Set them free !
Sting

If he ever hurts you
True love won't desert you
Separate Ways
Journey

L'amour... le vrai

Aimer. On en parle EN MASSE de l'amour, non ? Sachez cependant que, dans les films et les chansons, il est très rarement question d'amour véritable. Beaucoup de gens confondent *amour* et *passion*. Pas surprenant que le taux de séparations soit si élevé : les gens ne savent pas aimer (et même si c'est moi qui radote dans ce livre, dites-vous bien que ce n'est pas plus facile pour moi d'aimer). On apprend à aimer par la maturité. Une très bonne part des relations amoureuses pendant l'adolescence ne contiennent pas encore d'amour. On a déjà assez de misère à s'aimer soi-même, pas étonnant qu'on ait de la difficulté à aimer les autres.

La *passion* est davantage axée sur les émotions et les réactions. Ainsi – et lisez cette longue énumération lentement –, lorsque je vis un coup de foudre assez prenant, lorsque j'ai mal au ven-

tre, lorsque je dis : « C'est la femme de ma vie ! »
ou « Nous sommes faits l'un pour l'autre », lorsque je fais des crises de jalousie, lorsque je menace
de me suicider si l'autre me quitte, si je suis complètement dépendant de sa présence continuelle,
si je lâche tous mes amis et toutes mes activités
pour l'autre, lorsque je change de conjointe aux
deux semaines – en ne faisant jamais le deuil de la
relation précédente en demeurant seul pendant
quelques *mois* sans déprimer (et je n'ai pas dit
« *semaines* ») –, si je ne suis pas capable de demeurer seul et sans ma conjointe au moins pendant
24 heures consécutives par semaine (sans appels
téléphoniques, évidemment), si je ne sais pas voler de mes propres ailes (autrement dit, si je
m'appuie sur l'autre pour marcher dans la vie), si
j'attends toujours d'avoir une conjointe pour être
heureux, si je veux continuellement reproduire dans
ma vie l'illusion des films –romantiques pour les
filles, érotiques pour les gars –, alors je suis en
plein dans la marée de la passion.

Si c'est ce que vous voulez (la passion), la
recette est connue et facilement accessible. Mais
ne venez pas vous plaindre que vos amours en
arrachent.

Nous désirons la *qualité totale* pour nos
amours. Les femmes veulent un macho rose ; les
hommes veulent une belle conjointe intelligente,
souriante, simple, mature... et une maudite co-
chonne ! Pourtant, nous ne voudrions ni du macho
ni de la pétasse comme parent de nos enfants.

Le dicton *l'amour rend aveugle* est faux. Ce
n'est pas l'amour qui rend aveugle, c'est la passion. *L'amour est proche de la haine,* ça aussi,
c'est faux. Si je hais ma blonde parce qu'elle me
quitte, c'est que je ne l'ai jamais aimée. La pas-

sion, qui part des émotions, peut se transformer immédiatement en haine si on est piqué au vif dans nos tripes. Pas l'amour. Quand je suis passionné, je reste avec ma blonde pour triper, pour ce que j'en reçois, pour ce qu'elle m'apporte ; je la veux à moi, comme si elle m'appartenait (« C'est MA blonde. Enfin, je l'ai ! ») Hum ! Mauvais signe. Y a pas grand amour là-dedans. Ou, pire, la fille reste avec son chum violent en disant : « Je vais tellement l'aimer qu'il va changer. » Désolé, mauvaise réponse.

L'*amour*, ce n'est pas nécessairement le contraire de la passion. La passion, en soi, ce n'est pas mal ; elle peut même devenir un accessoire qui donne du piquant à l'amour. C'est lorsqu'elle devient prioritaire, lorsqu'elle devient le but et la seule motivation à rencontrer l'autre que la relation ne se construit pas.

Pour que l'amour naisse, ça prend plusieurs choses. En fait, ça en prend au minimum cinq.

◆ *Vouloir aimer.* L'amour, contrairement à la passion, ça ne se produit pas tout seul. Pour que j'arrive à aimer un jour, je dois décider et choisir d'aimer. La passion, elle, ne demande aucun effort : je suis « en amour » par-dessus la tête, je flotte sur les nuages, je pratique les petites activités intimes non diurnes puis, quand la passion diminue et que la p'tite lune de miel est en phase décroissante à l'horizon, alors je sacre ma partenaire là. Pas de casse-tête, pas d'effort. C'est facile, la passion. C'est le même processus que la violence : je n'essaie pas de régler la situation, de voir ce qui ne va pas pour m'entendre avec l'autre, de me réconcilier, de faire l'effort de passer à travers mes difficultés. Je frappe, je casse, je quitte, et c'est fini. Je ne fais

que réagir. Simple, non ? Simple comme l'infidé-
lité : je n'ai qu'à me laisser aller à mes émotions,
et le tour est joué. Pour aimer, par contre, je dois
fournir des **efforts**. Je dois m'investir et m'engager dans une relation – amicale, familiale ou
amoureuse – de manière à passer à travers les
difficultés que je vivrai. Si faire des efforts ne
fait pas partie de ma volonté, alors je ne pourrai
jamais aimer. Encore moins être fidèle. Avec la
passion, je ne fais que me laisser balayer par le
raz-de-marée des émotions, tandis que l'amour,
c'est plus difficile qu'être passionné, parce que
je dois faire l'effort d'aimer, l'effort d'entretenir
l'amour, l'effort de penser aux autres comme à
moi, surtout aux conséquences de mes paroles
et de mes gestes envers eux.

Dans un autre ordre d'idées, avez-vous déjà
constaté qu'il n'y a personne d'honnête dans
les bars et dans Internet quand il s'agit de cruiser ? En courtisant quelqu'un, on change
d'attitude. On présente une image de soi qui est
tout à fait fausse. On se déguise en arbre de
Noël, on joue les petits parfaits doucereux, on
est toujours patient, avec un beau sourire char-
meur. On utilise le MHS : le *Mode Hypocrite de
Séduction* ! On porte un « masque », on change
même de vêtements. Une fois la passion écou-
lée, l'arbre de Noël est au chemin, pour les
vidanges : les imperfections du caractère res-
sortent comme des aiguilles, la patience disparaît
comme par enchantement et le beau sourire devient un air sérieux et ennuyé. Raison ? La vraie
personnalité refait surface au bout de quelque
temps et, pour poursuivre la relation, on s'aper-
çoit qu'on doit fournir de l'énergie. Et c'est là
que plusieurs couples éclatent. Alors que ça

aurait été si simple d'être soi-même dès le départ. Si le contact amoureux s'établit entre vous et l'autre en demeurant vous-même, vous avez 99 % des chances que votre relation dure. Le contraire est beaucoup moins vrai.

C'est aussi là, surtout en amour, qu'une vérité apparaît : entre ce que dit votre tête et ce que crient vos tripes, choisissez toujours votre tête. *Suivre son cœur* – comme l'affirment encore et toujours les films –, c'est s'engager dans la voie de la passion et des émotions. Oui, il faut tenir compte de ses feelings. Le danger, cependant, c'est de se river le nez sur l'asphalte. Par contre, suivre sa tête, c'est utiliser la voie de la raison et du gros bon sens. En optant pour votre raison, vous risquez d'être moins déçus qu'en suivant seulement vos tripes.

Ma chère maman me disait toujours : « En amour, on divorce et on se remarie chaque jour. » En y réfléchissant, ç'a ben du bon sens.

◆ *Aimer, ça prend du temps.* Plusieurs élèves – la plupart du temps des filles, car ce sont elles qui consultent le plus et, donc, sont plus capables de régler leurs problèmes. Les gars, vous avez compris le message ? – viennent me voir et me demandent : « Dans combien de temps j'vais l'*aimer*, mon chum ? » Il n'y a malheureusement pas de réponse scientifique à une telle question. Chose sûre, c'est que l'amour, lors du développement d'une relation entre deux personnes, n'apparaît pas avant plusieurs MOIS. Pas avant. Autrement dit, une fois que la passion diminue, une fois que je veux rester avec l'autre dans d'autres circonstances que la seule couchette pis le pognage de fesses, une fois que je me rends compte que je veux *partager* ma vie avec l'autre, une fois que je bâtis des projets avec l'autre parce que je désire grandir et vieillir avec cette personne, là, et uniquement là, l'amour commence à se développer. Encore une fois – tous ensemble – pas avant.

L'amour, c'est à long terme qu'il faut le considérer. Dire : « Je t'aime » à l'autre au bout de deux semaines, c'est en réalité une petite réplique romantique tirée tout droit de films insignifiants.

◆ *Aimer, c'est connaître l'autre.* J'ai déjà entendu une fille dire, dans un corridor de l'école, en voyant un beau mec qui passait devant elle et qui essayait de grossir les deux fils de soie dentaire qui lui servaient de bras : « Ah, y est beau ! Je l'aime ! » Puis la fille entreprend des démarches de *télérencontre* pour « l'avoir ». Romantique, non ? Les bars et Internet sont remplis de machos qui cruisent tout ce qui bouge. Les *Carlo* complimentent les filles en ne souhaitant que faire passer leur train dans leur tunnel, et les filles, pas mieux, se laissent avoir, croient leurs belles paroles et finissent trop souvent par coucher avec le *Carlo* en question dans l'espoir qu'il les trouve assez intéressantes pour les aimer. La belle gaffe !

Si vous considérez que, pour aimer, il faut juste cruiser et seulement vivre la passion folle, vous vous rentrez un doigt dans l'œil assez creux pour vous faire lever le cœur. Si vous voulez aimer, vraiment, il faut d'abord que vous connaissiez la personne, que vous sachiez QUI elle est, que vous découvriez ses qualités, ses limites, sa personnalité. Si un inconnu vous accoste pour vous demander : « Veux-tu être mon ami ? » ou bien vous direz : « Dégage ! » ou bien « Attends, on va se parler un peu avant, pis on verra si je peux

ensuite te considérer comme mon ami. » Ce même
inconnu vous accoste dans un bar, vous le trou-
vez beau, et il vous dit : « T'es belle, t'as un
genre qui me plaît, t'es pas comme les autres,
j'ai jamais ressenti ça pour une fille avant. J'ai le
goût de te... respecter. » Au bout de deux heures, vous êtes au lit avec lui, vous l'appelez
« mon chum » et vous lui confiez vos secrets et
vos blessures, ce que l'on ferait uniquement en
présence d'un ami de longue date. Allô la logique ! Comment voulez-vous aimer véritablement
quelqu'un si vous ne le connaissez même pas ?
Ensuite, vous vous demanderez pour quelles
raisons vos amours ne fonctionnent pas. Au
bout de trois ou six mois, vous vous quittez en
disant : « On ne s'aimait plus. » Pourtant, il n'y
a jamais eu d'amour.

◆ *Aimer, c'est laisser libre.* Ça, vous le savez. À
vrai dire, tout le monde le sait, mais personne –
ou peu – arrive à mettre cette vérité en pratique.
Laisser une personne libre, ça implique bien des
choses. Si je l'aime d'un amour vrai et sincère,
elle doit avoir la chance d'être elle-même, avec
ses goûts et sa personnalité à elle ; elle peut
avoir ses propres amis que je n'aime pas ou que
je ne fréquente pas ; elle peut et doit pratiquer
ses activités personnelles en dehors de notre
couple ; elle peut parler et rire avec une personne du sexe opposé sans que je lui fasse la
scène du gars jaloux ; elle a la chance de rester
seule quand elle en a envie, car elle n'est pas
obligée de toujours être avec moi ; elle a le droit
de ne pas vouloir vivre une relation sexuelle
même si, moi, j'en ai grandement envie. Rappelez-vous que la majorité des viols se produisent
dans les couples : les mots du conjoint rempla-

cent les couteaux de l'agresseur dans la rue. Et la plus grande faiblesse des filles, sur le plan sexuel, c'est de *faire oui* alors qu'elles ont *dit non*. Dans la tête du manipulateur ou de l'obsédé, il s'agit d'insister ou de les forcer, et il obtiendra ce qu'il veut.

Les gars, prouvez aux filles que vous n'êtes pas des obsédés sexuels. Prouvez-le d'abord et avant tout avec votre blonde. Y a-t-il moyen de ne pas lui faire la gueule quand elle ne répond pas à vos avances parce que vous êtes excités en regardant une passe de cul sur le Net ? Y a pas de date limite, on peut se reprendre une autre fois. Ensuite, prouvez-le à vos amies et à vos collègues.

Les filles, vous vous dites : « Si je ne me plie pas à ses exigences, il va me quitter. » Vous avez déjà votre réponse seulement avec cette phrase : si votre chum ne vous respecte pas dans la sexualité, il ne le fera pas plus autrement.

Et là, LÀ, j'espère que vous comprendrez – à tout le moins que vous saurez – qu'EN AUCUN CAS la jalousie fait partie de l'amour ! Quand je suis jaloux – j'entends faire du chantage émotif ou une crise en bonne et due forme –, je force l'autre à m'aimer et, pire, à couper ses relations avec ceux et celles qui l'entourent. C'est normal de ressentir de la peur, tout comme de ressentir de la colère. Mais si on ne sait pas la maîtriser en l'exprimant avec maturité, alors ce comportement jaloux constitue un acte de violence. Les histoires d'horreur que l'on voit à la télé – meurtre suivi d'un suicide – sont l'aboutissement d'une jalousie maladive. Et ça débute dès l'adolescence. En fait, une personne excessivement jalouse n'accepte pas que l'autre soit une personne *autre* mais s'acharne à la rabaisser au rang de chien domestique. Relisez les mots des chansons *Every Breath You Take* (The Police) et *Maudite jalousie* (Kevin Parent) ; c'est criant de vérité. Quand je suis jaloux et que ma conjointe passe du bon temps et rit avec ses amis, je suis frustré et, chaque fois qu'elle revient me voir, je ne ris plus et je lui fais la baboune. Dans ce cas, c'est normal qu'elle se sente mal à l'aise avec moi, non ? Mais j'oublie un détail : même si elle rit beaucoup avec d'autres gars, elle me revient toujours, car c'est MOI qu'elle CHOISIT d'aimer. J'oublie qu'elle me choisit, MOI, parmi tous les autres qu'elle peut même trouver beaux. Et c'est justement en lui faisant cette baboune-là à répétition qu'elle s'éloignera petit à petit de moi. Je provoque moi-même, par la jalousie, la rupture de mon couple. Et qui sont les personnes les plus infidèles ? Celles qui sont jalouses. Pour la simple raison qu'elles n'ont tellement pas confiance en elles qu'elles se laissent séduire facilement – c'est aussi le gros problème des femmes battues qui se laissent séduire par le même genre de mec à grande gueule.

Remarquez la belle hypocrisie qui se rattache souvent derrière la déclaration : « Je t'aime ! » quand je ne sais pas aimer. Lorsque je dis à l'autre : « Je t'aime », en réalité, je ne déclare pas mon amour, je formule la question : « M'aimes-tu ? » Je dis : « Je t'aime », l'autre ne dit rien, vient les yeux dans l'eau et me répond : « C'est gentil, ce que tu viens de dire… » Mais ce n'est pas ça que je veux entendre. Je me fous de la joie de l'autre à ma déclaration. Tout ce que je veux entendre, c'est : « Moi aussi ! »

Et si l'autre ne répond pas ÇA à ma déclaration-question « Je t'aime – M'aimes-tu ? » alors je panique. Je vais même jusqu'à lui exiger directement : « Dis-moi que tu m'aimes ! » Aye, ça, c'est de l'amour ! Un rappel, avec ça ?

Mais voici le plus important : si j'aime vraiment ma blonde, je dois la laisser libre de m'aimer, pas la forcer à m'aimer avec du chantage. Et par-dessus tout, je peux démontrer que je l'aime vraiment lorsqu'elle me quitte. Je lui laisse cette liberté, car elle n'est pas obligée de m'aimer. C'est là que se révélera la réalité de l'amour que j'ai pour elle. En fait, si je désire vivre *avec* ma blonde, je dois, au préalable, être capable vivre *sans* elle. À défaut de quoi, c'est de la dépendance, pas de l'amour.

Si j'aime une personne, je désire qu'elle soit heureuse avec moi. Logique. Mais si elle est malheureuse avec moi, et que je la force à demeurer avec moi, alors comment voulez-vous qu'elle soit bien en ma compagnie ? Impossible. Par contre, si j'aime cette personne, je veux qu'elle soit heureuse. Et pour qu'elle soit heureuse, j'accepte qu'elle me laisse si elle est malheureuse avec moi. En fait, *il vaut mieux que ma conjointe soit heureuse sans moi que malheureuse avec moi.*

Vous, êtes-vous forcés d'aimer quelqu'un ? « Non, bien sûr, Môssieu Desrochers ! » Alors l'inverse est aussi vrai : personne n'est obligé de vous aimer.

Et si un jour – et je ne vous le souhaite surtout pas ! – il arrivait que votre conjoint menace de s'enlever la vie parce que vous désirez le quitter, parlez-lui-en pour dénoncer cette forme de chantage. Dites-lui : « Demande une aide pour régler ton problème. Tu ne m'aimes vraiment pas en me disant ça. C'est tout ce que tu retiens de moi ? Ton bout de temps avec moi ne t'a laissé que la mort dans l'âme ? » Après discussion, si ça ne change pas, alors quittez-le immédiatement. Et s'il met sa menace à exécution, vous n'êtes coupable de rien, vous n'avez rien à vous reprocher. Vous aviez le droit de le laisser. Vous pourriez vous sentir coupable si vous lui aviez dit directement de se suicider, mais ce n'est jamais le cas, n'est-ce pas ? Alors, en quoi son geste serait-il de votre faute ? En aucun cas on ne pourrait vous blâmer pour ça. En aucun cas. Un gars se fait flusher par sa blonde. Dites-moi la première raison, en tête de liste, pour laquelle il songe au suicide avec cette peine d'amour ? Il se sent rejeté, abandonné et seul ? Ses projets de vie tombent ? Oui, mais il y a autre chose. Pourquoi un gars en peine d'amour pense-t-il au suicide ? Parce qu'il n'aime pas sa blonde. Ce qu'il a développé pour elle, ce n'est pas de l'amour mais de la dépendance. Comprenez-vous ce que je tente de vous expliquer ? Le gars dépendant va dire : « J'ai mal, je ne peux pas vivre sans toi, tu es tout pour moi, j'ai besoin de toi, tu es ma seule raison de vivre, tu n'as pas le droit de me quitter ! » Le gars qui *aime* va dire : « J'ai mal... J'aurais voulu que tu restes avec moi. Mais parce que je t'aime, tu n'es pas obligée de m'aimer. Tu as fait de moi une meilleure personne, et c'est cette motivation de vie que je vais garder de toi. Je te souhaite d'être heureuse... sans moi. Et sois sans crainte, tu as absolument le droit de me quitter. » Ce gars est quelqu'un qui sait aimer vraiment ! Est-ce que vous comprenez ce que je vous dis ?

◆ *Aimer, c'est donner.* Celui qui est seulement passionné ne cherchera qu'à recevoir l'affection et l'amour de l'autre ; il *donne* difficilement. Et puisqu'il ne veut QUE se faire aimer, il n'arrive pas à aimer l'autre. C'est aussi le problème de la personne dépendante.

Apprenez à donner. C'est votre seul moyen de recevoir un jour. Si vous cherchez seulement à recevoir – comme nous y invite fortement la mode de la consommation matérielle –, alors ça fait de vous des êtres qui n'arrivent pas à donner, qui sont égoïstes et qui n'arrivent pas à aimer.

Donnez de votre argent, de votre temps, de votre confort, de votre tranquillité, de vos énergies. Dites d'abord aux autres que vous les aimez : à votre famille, à vos amis, à votre amoureux. Dites-le-leur dans un premier temps. Plus vous manifesterez de cet amour, plus il vous sera rendu.

Apprenez donc à donner. C'est en donnant d'abord qu'on reçoit ensuite. C'est en aimant d'abord qu'on est aimé ensuite...

« Je n'ai jamais reçu d'amour, comment voulez-vous que j'en donne ? » Réponse : aimer, ça s'apprend à tout âge !

Liberté !

« **S**i ce n'était pas de ces lois et de ces obligations, je serais enfin libre ! »

Ah oui ? Vraiment ? Observez comme il faut : la liberté n'a rien à voir avec les lois. C'est comme avoir 18 ans : ça ne change pas grand-chose. En réalité, on suppose que l'âge de la majorité correspond à la liberté totale, que les parents n'ont plus rien à dire, que la société – ENFIN ! – va nous considérer comme des adultes. Rions tous ensemble : Ah ! Maintenant, passons à autre chose.

La liberté, ce n'est certainement pas l'absence d'interdictions ou de lois. C'est encore moins le fait de faire ce que je veux quand je veux. La liberté totale constitue un fantasme qui suppose une chose : pour faire ce que je veux quand je veux, il faut au préalable que les autres autour de moi n'existent pas. Je dois être absolument seul au monde : personne ne me dérange et je ne dérange personne. C'est justement le gros problème du crétin d'enragé au volant qui nous pousse dans le cul sur les autoroutes parce qu'il veut bêtement être seul sur la route, les autres conducteurs étant tous des p'tits séniles.

Au fond, c'est simple : la liberté n'est pas à l'extérieur de nous mais bien *en nous*. C'est dans la tête que ça se passe. Deux personnes sont assises à la même table : l'une se sent tout à fait bien, l'autre est pognée ben raide. L'une est autonome, l'autre est esclave. Esclave de qui ? D'elle-même, tout simplement.

Pourquoi pensez-vous que les lois existent ? Pour écœurer le peuple ? Elles sont si nombreuses pour une seule et unique raison : les abus des imbéciles. Tout le monde paie pour leurs conneries. Les lois, les règlements ou les chartes de droits sont directement issus d'une forme d'abus quelconque. Ne blâmez donc pas les policiers de faire respecter la loi ; blâmez les cons qui l'ont fait naître. Les lois nous rappellent une réalité essentielle : *les autres existent autour de nous.*

Donc, la liberté ne sera jamais l'absence de lois ou d'interdits, rentrez-vous ça dans la tête. Souvenez-vous aussi d'un autre élément : trop de liberté, c'est comme pas assez de liberté. Ne reprochez pas à vos parents d'avoir été trop fermes avec vous lors de votre éducation ; reprochez-leur plutôt d'avoir été *indifférents* envers vous. L'indifférence parentale fait plus de ravage que la discipline rigide.

Dernière chose... et lisez ceci deux fois :

**LES GENS ONT TELLEMENT PEUR
D'ÊTRE LIBRES OU AUTONOMES
QU'ILS PRÉFÈRENT SE LAISSER MANIPULER.**

Donc, être libre, c'est quoi ? C'est nous accepter comme nous sommes ; c'est être nous-mêmes partout et avec n'importe qui, surtout avec nos copains, en leur tenant tête parfois ; c'est nous débarrasser de nos dépendances et devenir autonomes ; c'est être capables de dire NON ! C'est aussi agir en adultes pour qu'enfin les gens nous traitent en adultes.

Et l'attente qui m'avait si bien prédit
Tout est mort et presque rien n'est dit
J'ai regardé si loin que je n'ai rien compris
Il fallait bien un jour que j'en sorte à tout prix
Aujourd'hui, je dis bonjour à la vie !
Demain, je ne perdrai plus mes nuits
Harmonium

Quelqu'un m'a dit que tout autour
De mon nombril se trouve la vie
La vie des autres, la vie surtout
De ceux qui meurent faute de nous
J'ai des yeux qui refusent de voir
Des mains qui frôlent sans toucher
Sortez-moi de moi !

Daniel Bélanger

Votre vie... pleine de vie

La vie est plate ? Non, pas nécessairement. Elle nous *paraît* plate parce que nous sommes des générations de la télécommande, générations qui ont grandi devant la télé et l'ordi, le dos courbé, générations de consommateurs de produits et services. Encore une fois, tout cela sans efforts. Si nous ne faisons pas d'efforts pour nos études, pour notre travail, pour notre santé et pour notre VIE, nous n'en ferons sûrement pas plus pour nos loisirs, pour nos hobbies... et pour nos amours. Nous traitons les baby-boomers de vieux lâches qui n'attendent que leur retraite. Si c'est le cas, il ne faudrait pas être pire qu'eux, tout de même.

C'est quoi l'idée ? L'idée, c'est de faire autre chose que regarder la télé ou être à l'ordi. Dites-vous que plus de deux heures en moyenne par jour devant l'écran – télé et Internet confondus –, le visage aussi inexpressif que celui d'un zombie, votre style de vie est quelque peu déséquilibré. Regarder la télé, c'est facile ; ça ne demande pas d'efforts : je me mets sur le mode « consommation », et le tour est joué. Internet me permet de créer des liens avec les Australiens. Mais Internet devient « Intersale » lorsque, pour m'approcher du Russe, je m'éloigne de ma sœur. La faiblesse d'Internet, c'est d'augmenter ma solitude et mon agressivité. Observez un peu autour de vous... Ensuite, observez-vous....

Là, je n'ai pas dit de ne pas regarder la télé ou de ne pas utiliser Internet, franchement ! Je dis seulement de faire aussi *AUTRE CHOSE*. Qu'est-ce que vous savez faire ? Impliquez-vous dans le sport, le théâtre, le bénévolat, le plein air, l'aide aux personnes en difficulté, la musique, le dessin, la lecture, le bricolage, la menuiserie, un projet humanitaire, ou *j'sais-tu, moé* ! Mais – bon Dieu ! – faites quelque chose de votre peau !

Nous trouvons la vie plate quand nous sommes plates ! Nous trouverons la vie intéressante quand nous serons intéressants. Il existe tellement de possibilités et de façons de rendre sa vie agréable que vous n'avez aucune excuse – AUCUNE ! – de dire des conneries du genre : « J'sais pas quoi faire ! » « C'est plate ! » ou « Y a rien à faire ! » Y a rien à faire ? Vous vous rendez compte ? Il y a tellement de choses à faire que vous ne les voyez plus ! Mais pour que ces choses deviennent intéressantes et profitables pour votre vie, vous devez fournir... des efforts. Même là. Ouais... La chanson de Félix Leclerc le dit bien : *La meilleure façon de tuer un homme, c'est de le payer à ne rien faire.* Et habituellement, quelqu'un qui ne fait rien de sa peau cherchera à être aimé sans aimer.

Sortez dehors. Sortez d'entre vos quatre murs éclairés par un écran d'ordi. Soyez des personnes activés, vivantes, dynamiques, des personnes qui mordent à pleines dents dans la vie. Cette dernière est un enfer quand nous nous apitoyons toujours sur notre sort et que nous ne voyons que le *Dark side of the moon* (Pink Floyd). Elle peut être un paradis quand nous savons que le soleil brille toujours ; il suffit d'ouvrir les fenêtres pour laisser entrer la lumière. *Nous avons tout en nous pour être heureux.*

Développez-vous un style de vie et des projets qui enrichissent, justement, votre vie personnelle, qui la rendent « moins plate » ou, plutôt, plus intéressante. Quand on y pense, c'est si simple. Mais c'est une simplicité qui, encore une fois, nécessite... des efforts. Eh oui !

Même si certains de vos projets tombent, bâtissez-en d'autres. Tenez tête à vos déceptions. Souvent, il s'agit d'être patient : vous réaliserez bien un jour ou l'autre un projet qui vous tient à cœur.

Bon, c'est qui l'innocent qui a déclaré que c'était obligatoire d'avoir une blonde ou un chum pour être heureux ? Près de la moitié de la population est célibataire ; cette proportion grimpe aux deux tiers au secondaire. Si on est *reject* en étant célibataire, y en a une méchante gang qui l'est ! Vous attendez d'avoir un conjoint pour être heureux ? Alors vous ne le serez jamais ! Pourquoi ? Parce que votre bonheur ne doit pas venir de lui mais de vous. Si vous êtes déjà malheureux, vous le serez encore avec lui ; si vous êtes bien avec vous-même, vous le serez aussi avec lui.

Souvenez-vous que, où et avec qui que vous soyez, c'est toujours vous qui faites votre bonheur.

VIE

Pour conclure...

Vous aurez peur... Oui, c'est sûr. Certains auront tellement peur qu'ils voudront en mourir. Et la seule personne qui vous dira les pires vacheries et vous détestera le plus, ce sera vous-même. Vous aurez peut-être l'*impression* que tout est noir, qu'il n'y a aucune porte pour vous, alors qu'il y en a plein d'autres ! Elles sont là, sachez-le. Après vos peurs et vos drames, la VIE continue. La peur, ce n'est pas la fin du monde. Un échec non plus. Ni un obstacle ni une rupture amoureuse. Vous valez plus que des insultes durant votre enfance, vous valez plus qu'un abus sexuel, vous valez plus que la violence de votre père, vous valez plus que vos problèmes de drogue. Vous valez plus que tout ça. En fait, *vous valez plus que la pire de vos actions*. Et vous vous rappellerez, j'espère, l'importance de votre vie et des efforts qu'il vous faut y investir.

Une vie agréable, c'est constater que nos EFFORTS sont toujours récompensés par un résultat concret comme l'autonomie, la maturité, la découverte de nouveaux horizons et de nouvelles personnes et une satisfaction de soi-même inégalée.

Une vie agréable, c'est savoir que ces efforts, même s'ils prennent du temps, beaucoup de TEMPS, donnent des fruits.

Une vie agréable, c'est ÊTRE quelqu'un au lieu de tout avoir.

Une vie agréable, c'est savoir que nous sommes une PERSONNE UNIQUE dans toute l'histoire de l'humanité, passée, présente et future. Dans TOUTE L'HISTOIRE. Mon souhait est vous ne doutiez jamais plus de cela !

Une vie agréable, c'est cultiver le sourire et l'HUMOUR ; c'est rire et être joyeux avec nous-mêmes et ceux qui nous entourent ; c'est donner à notre routine quotidienne une couleur différente chaque jour.

Une vie agréable, c'est *nous aimer nous-mêmes,* avec nos limites et nos nombreuses *qualités.* Et ceci n'a rien à voir avec l'orgueil !

Une vie agréable, c'est *donner* en sachant que ce geste engendre le fait de recevoir tôt ou tard.

Une vie agréable, c'est *aimer...* et, avant tout, *choisir de VIVRE.*

Vivez votre jeunesse à fond... les deux pieds sur terre.

Bon courage ! Bonne route ! Vous n'êtes pas seuls. Plein de personnes vous aiment, sachez-le.

Mais avant tout, aimez-vous... vraiment.

VIE

Guide parental du parfait petit délinquant

ou

Le chemin menant à l'autodestruction

AVERTISSEMENT

Un jour, vous serez peut-être des parents. Que voulez-vous donner à vos enfants ? Vous souhaitez qu'ils soient heureux ? Pourtant, si vous les éduquez en suivant attentivement les principes énumérés ci-après, vous augmentez les risques de les diriger vers la délinquance ou vers l'autodestruction. Les réflexions présentées ici, adaptées de transferts électroniques, utilisent le ton du sarcasme mais elles sont néanmoins véridiques si on sait décoder le message peu subtil.

◆ Dès l'enfance, donnez à votre enfant tout ce qu'il désire, comme à un roi. Il grandira en pensant que le monde entier lui doit tout et sera un éternel insatisfait... comme un roi.

- S'il dit des grossièretés, riez ; il se croira très malin.

- Ne lui donnez aucune formation spirituelle. « Quand il aura 18 ans, il choisira lui-même. » Laissez ainsi son esprit se nourrir d'ordures et lavez-vous-en les mains.

- Ne lui dites jamais : « C'est mal. » Il pourrait développer un complexe de culpabilité. Et plus tard, lorsqu'il sera arrêté pour vol, il sera persuadé que la société le persécute.

- Ramassez ce qu'il laisse traîner. Ainsi, il sera sûr que ce sont toujours les autres qui sont responsables.

- Ne pratiquez aucune censure. La violence fera banalement partie de sa vie.

- Disputez-vous toujours devant lui. Quand votre ménage craquera, il ne sera pas choqué.

- Donnez-lui tout l'argent qu'il réclame ; qu'il n'ait pas à le gagner. Quand vous n'en aurez plus, il n'aura qu'à le voler.

- S'il fait des gaffes, prenez toujours son parti. « Les enseignants et la police lui en veulent, à ce pauvre petit. »

- Faites-lui croire qu'en écrasant les autres ces derniers le respecteront.

- Ne lui donnez aucune affection, riez de lui quand il pleure et ne lui dites pas : « Je t'aime. » Le contraire ferait de lui une mauviette.

- Ne lui dites jamais non. Il ne faut pas le frustrer, quand même.

- N'établissez aucune forme d'interdit. Sa liberté pourrait en être atteinte.

- Acceptez qu'il prenne de la drogue ; il fait ses expériences. Mieux : prenez-en avec lui ; il fera de vous ses égaux.

- Tolérez qu'il vous insulte et qu'il soit impoli. Il a tout de même droit à la liberté d'expression.

- Donnez-lui un téléphone cellulaire à 12 ans. C'est important qu'il sache à quelle heure votre pâté chinois sera prêt.

- Dès que votre enfant veut être sur vos genoux ou jouer avec vous, faites-lui regarder un film. Cela vous permettra d'être tranquilles.

- Faites-le garder au moins trois soirs par semaine et une journée du week-end. Vous avez besoin de vacances, car vous êtes tellement fatigués.

- Défoulez votre rage sur votre enfant, insultez-le, dites-lui qu'il est bon à rien et surtout qu'il est un *p'tit crisse*. De cette manière, il constatera *qui* est vraiment le maître de la maison.

- Accentuer encore plus son repli sur lui-même en meublant sa chambre hermétique d'un ordinateur personnel, d'une télé câblée et d'un système de son qui enterrera vos paroles.

À la fin, vous direz : « Il *a* tout ! Comment se fait-il qu'il n'*est* rien ? »

L'auteur

Natif de Lorrainville en Abitibi-Témiscamingue durant l'Expo 67 et père de quatre enfants, Carl Desrochers enseigne l'éthique et culture religieuse et la psychologie à l'École secondaire Louis-Jacques-Casault de Montmagny depuis 1991.

Après des études collégiales en Sciences de la nature à Rouyn-Noranda et des études universitaires en biologie à l'Université Laval, il se dirige vers la théologie qu'il orientera vers l'éthique, la psychologie, la relation d'aide et la philosophie.

La terrible vague de suicides de jeunes adultes, qui a durement secoué tout le Québec à la fin des années 90, l'a amené à écrire la première version publiée de *La Vie avant tout* (2003), qui est devenue en peu de temps un best-seller.

Le thaumaturge (2004), un thriller philosophique pour adultes, s'inscrit dans sa volonté de montrer qu'à travers la Mort et les ténèbres personnelles, la Vie peut jaillir. Le cinéaste Erik Johnson projette d'en faire un long métrage.

Le roman *Imparfait* (2006), préfacé par le comédien Martin Larocque et par l'Association de paralysie cérébrale du Québec, se veut un éloge à la détermination humaine à défoncer barrières et tabous.

Le projet *Sacrée* (2008), une nouvelle littéraire philosophique accompagnée de réflexions et de commentaires d'invités précis, dénonce l'exclusion institutionnelle et choquera inévitablement les bien-pensants. Une réflexion choc en collaboration avec Raymond Gravel.

Enfin, le livre *Par Anne Nault – parano* (2009) est un récit à teneur autobiographique qui dépeint le carnage psychologique qu'un père paranoïaque provoque chez ses enfants. Postface de Mercédès Morin, psychologue.

Pour plus d'informations
sur l'auteur et sur ses projets,
visitez le site :

www.CarlDesrochers.com

Au service de votre vie

Le porteur du message est souvent aussi important que le message lui-même. À ce titre, le texte de Carl témoigne autant de sa personnalité que de sa volonté d'intervenir pour la vie.

Il a accepté nos commentaires et nos idées pour modifier certaines de ses envolées – ou « dérapages », comme il le dit si bien.

Nous croyons au pouvoir de la parole et à l'écoute personnelle et professionnelle. Nous encourageons la sensibilisation et la prise de position dans le domaine de la prévention du suicide. Ce document témoigne d'une volonté de voir clair à travers les brumes de la souffrance pour choisir la vie avant tout.

N'hésitez pas à communiquer avec les services d'aide indiqués ci-dessous.

France Couture, *travailleuse sociale*
Yvan Tessier, *M. Ps., psychologue*

PRÉVENTION DU SUICIDE
1-866-APPELLE / 1-866-277-3553
www.cam.org/aqs

GAI-ÉCOUTE
Orientation sexuelle **/ 1-888-505-1010**
www.gai-ecoute.qc.ca

Drogue : aide et référence
1-800-265-2626

CLSC de votre secteur

**Vous désirez
vous procurer**

La vie avant tout

1 $ pour les écoles

plus taxe 5% et frais de transport

carldesrochers@yahoo.ca

*5 $ pour le grand public
exclusivement
sur ebay.ca
et
amazon.ca*

Table des matières

Préface de Michel Barrette 3

Préface de Gabrielle Lavallée 4

Introduction 5

La perception de soi-même 8

Problèmes et drames personnels 13

Homocide 21

Silence et solitude 23

Chercher à ÊTRE… avant d'avoir 25

Le deuil et la souffrance 30

La drogue ? 36

L'avenir… 42

L'amitié 47

Vos croyances 52

L'amour… le vrai 59

Liberté ! 71

Votre vie… pleine de vie 73

Pour conclure… 76

Guide parental du parfait petit délinquant
    ou Le chemin menant à l'autodestruction 78

L'auteur 81

Au service de votre vie 83

Table des matières 85

Donateurs

Asselin, Rock (Baie-Saint-Paul)
Bernatchez Lachance, Suzanne (Montmagny)
Bernier, Denise (Cap-Saint-Ignace)
Boucher, Jérôme (Montmagny)
Brisson, Mélanie (Saint-Pierre)
Caron, Gilles (Lévis)
Caron, Patrick (Lévis)
Castonguay, Élise (Lévis)
Castonguay, Flavie (Lévis)
Castonguay, Pierre (Lévis)
Cloutier, Julie (Lévis)
Collin, Christian (Saint-Pierre)
Corbin, Frédéric (Montmagny)
Corbin, Richard (Montmagny)
Corriveau, Annie (Cap-Saint-Ignace)
Corriveau, Yvan (Cap-Saint-Ignace)
Côté, Jérémy, Thomas et Anne-Marie (Montmagny)
Coulombe, Thérèse (Montmagny)
De Carufel, Robert (Rouyn-Noranda)
Desrochers, Carl (Lévis)
Desrochers, Christine (Notre-Dame-du-Nord)
Duchesne, Françoise (Rimouski)
Duquette, Dominique (Québec)
Filion, Jean-Luc (Baie-Saint-Paul)
Filion, Mathieu (Baie-Saint-Paul)
Gauthier, Marielle (Pintendre)
Jean, Mélissa (Baie-Saint-Paul)
Jeanneteau, Nathalie (Rouyn-Noranda)
Lebel, Alexandre (Rouyn-Noranda)
Lebel, Carol-Ann (Rouyn-Noranda)
Lebel, Darick (Bécancour)
Lebel, David (Bécancour)
Lebel, Louise (Pintendre)
Lemieux, Gaston (Montmagny)
Poisson, Jérôme (Lévis)
Riverin, Valérie (Québec)
Roberge, Nancy (Pintendre)

plus plusieurs donateurs anonymes.

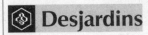

« *Pour qu'ils aient la Vie* »

Jean 10,10

Unité pastorale Lévis Ouest

Christ-Roi   418-837-4569

Saint-David   418-837-1315

Saint-Louis de Pintendre
418-837-6950

**DIOCÈSE DE
ROUYN-NORANDA**

**DIOCÈSE DE
SAINTE-ANNE-DE-LA-POCATIÈRE**

LIONS MONTMAGNY

**Fondation
École secondaire
Louis-Jacques-Casault**
Montmagny

CLUB ROTARY

COLLÈGE DE LÉVIS   MAISON ALPHONSE DESJARDINS

LÉVIS

QUÉBEC · CANADA

**DISTRICT
7790**

CHIC
Prévenir, c'est agir!

Prévenir: c'est agir!

**Comité humanitaire
d'intervention de crise (CHIC)**

CÉGEP DE CHICOUTIMI

Cégep de Rimouski

Savoir   Aimer   Vivre